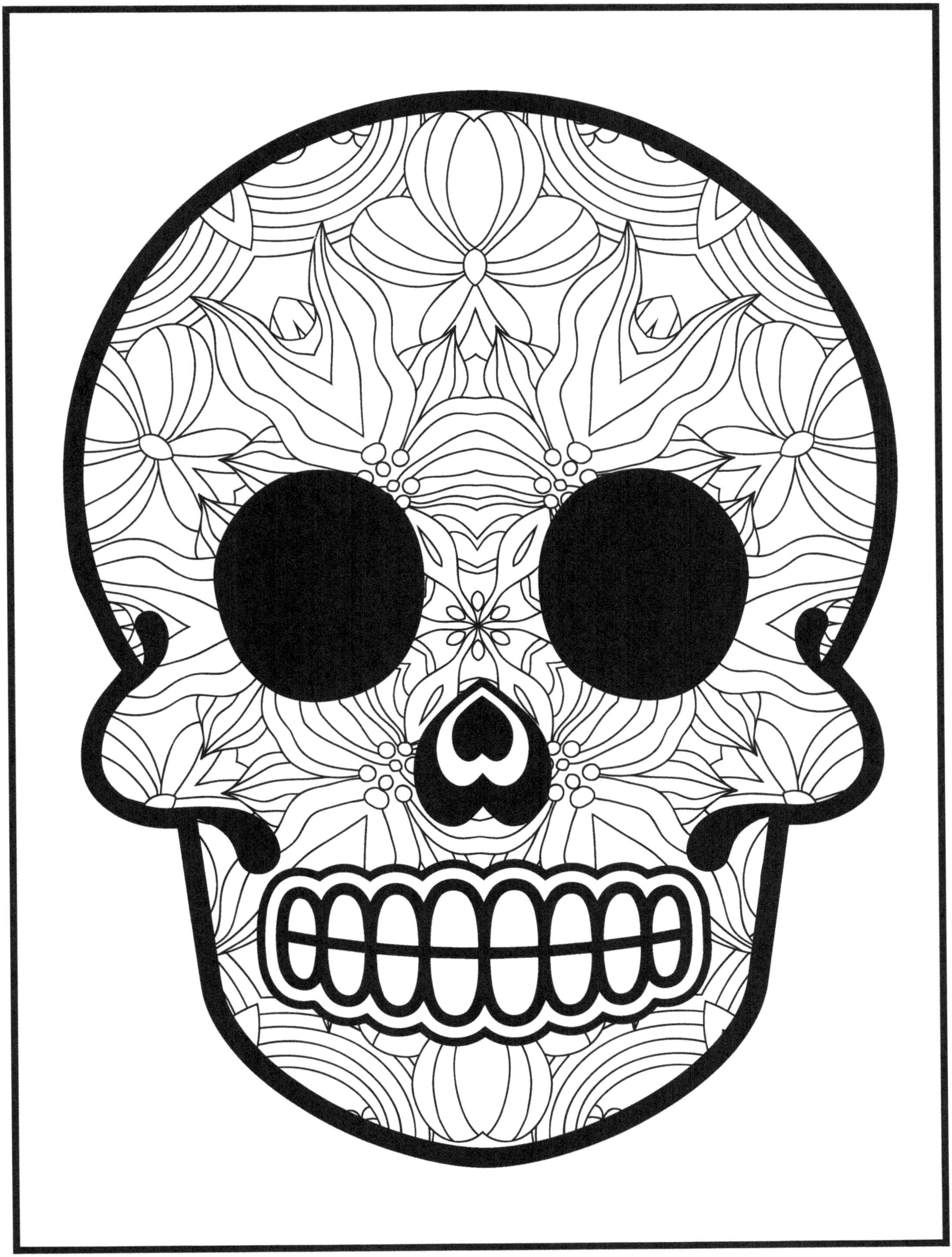

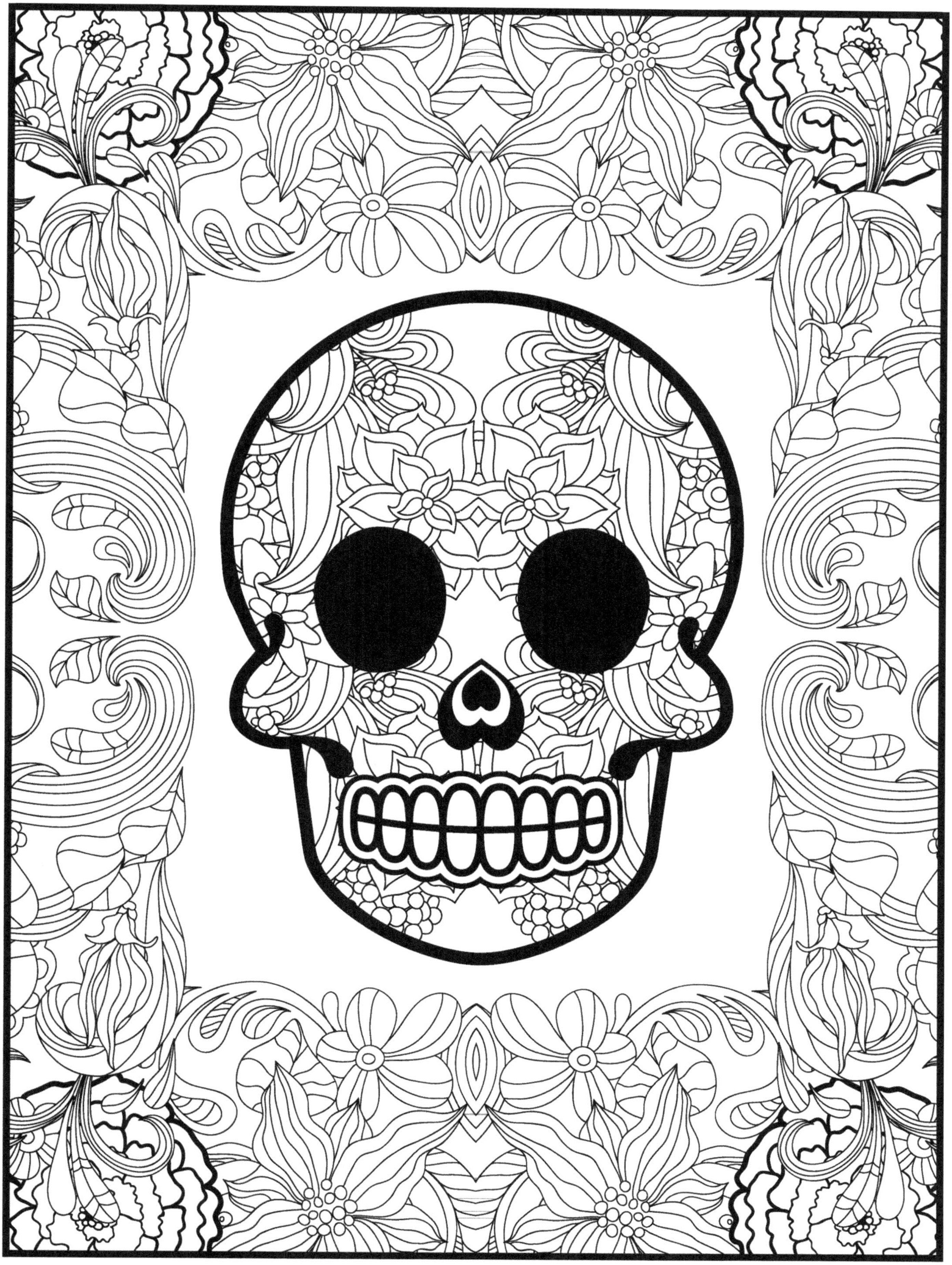

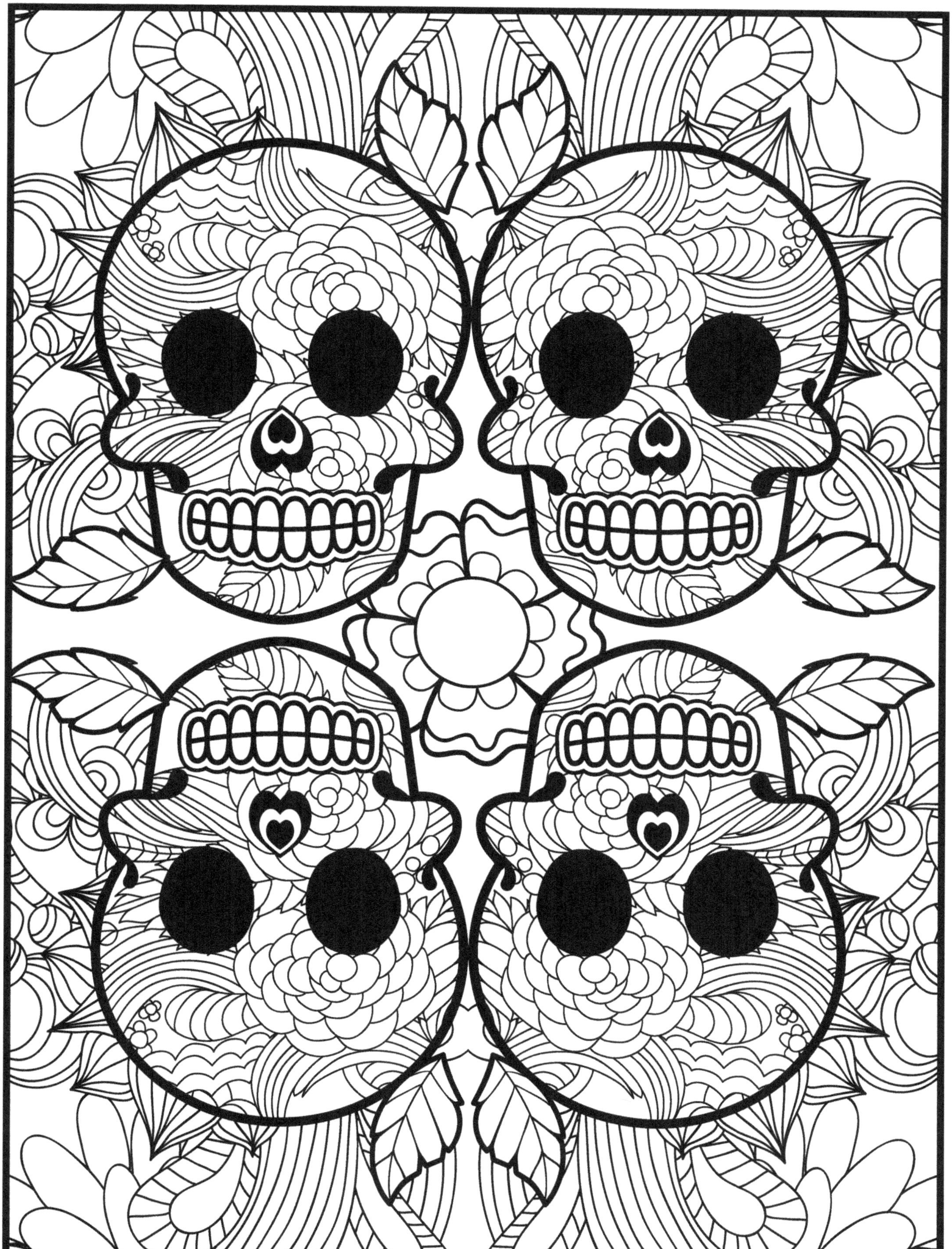

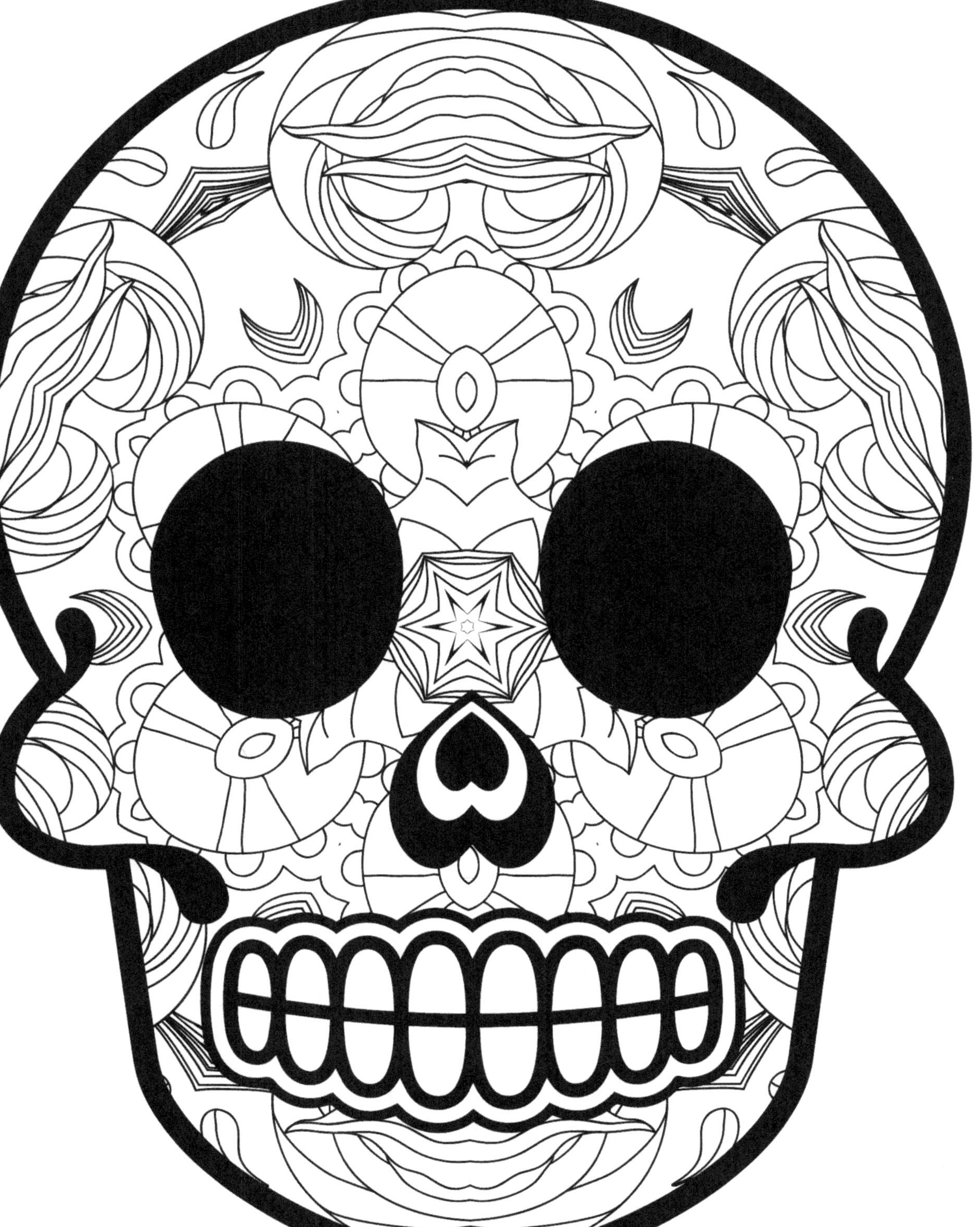

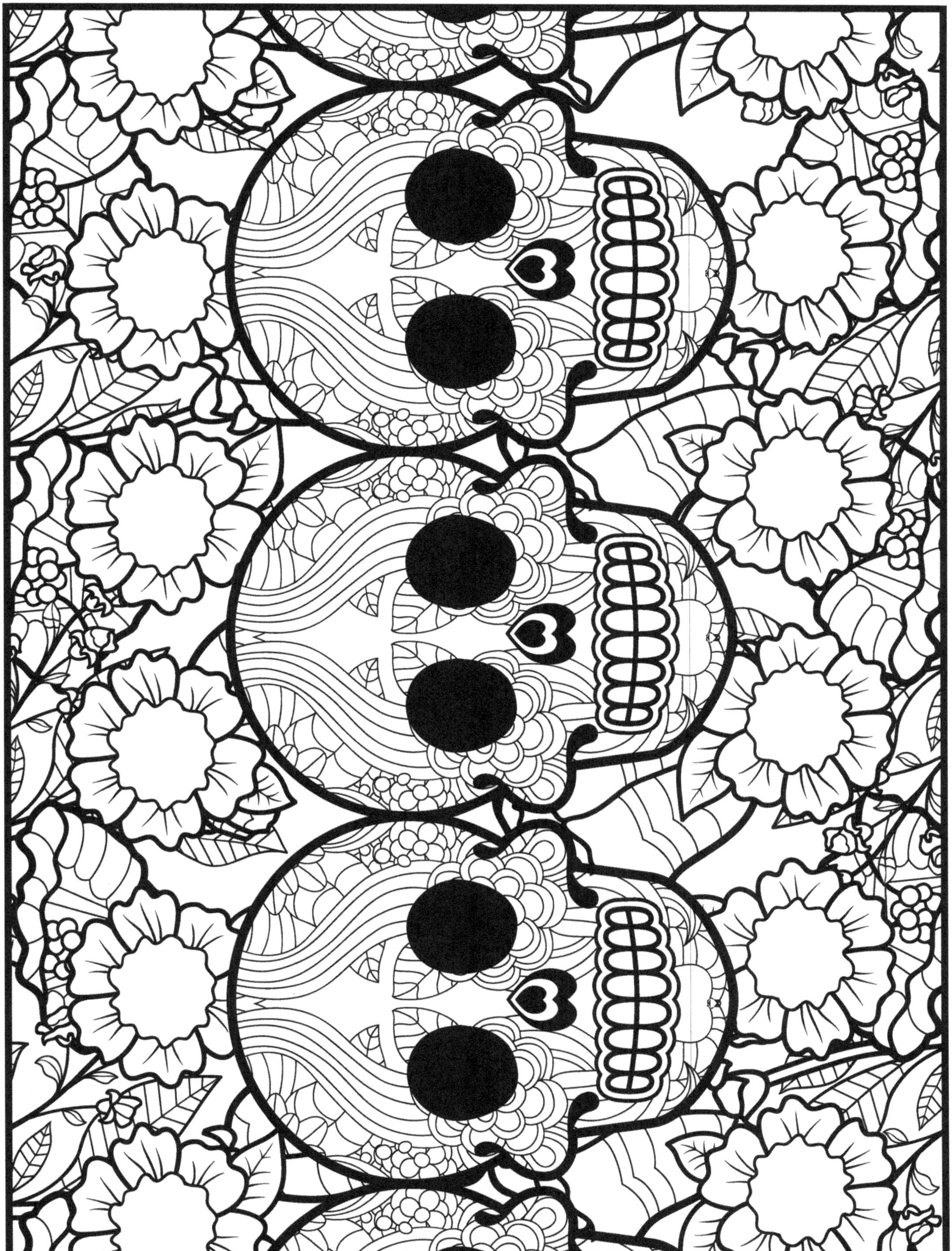

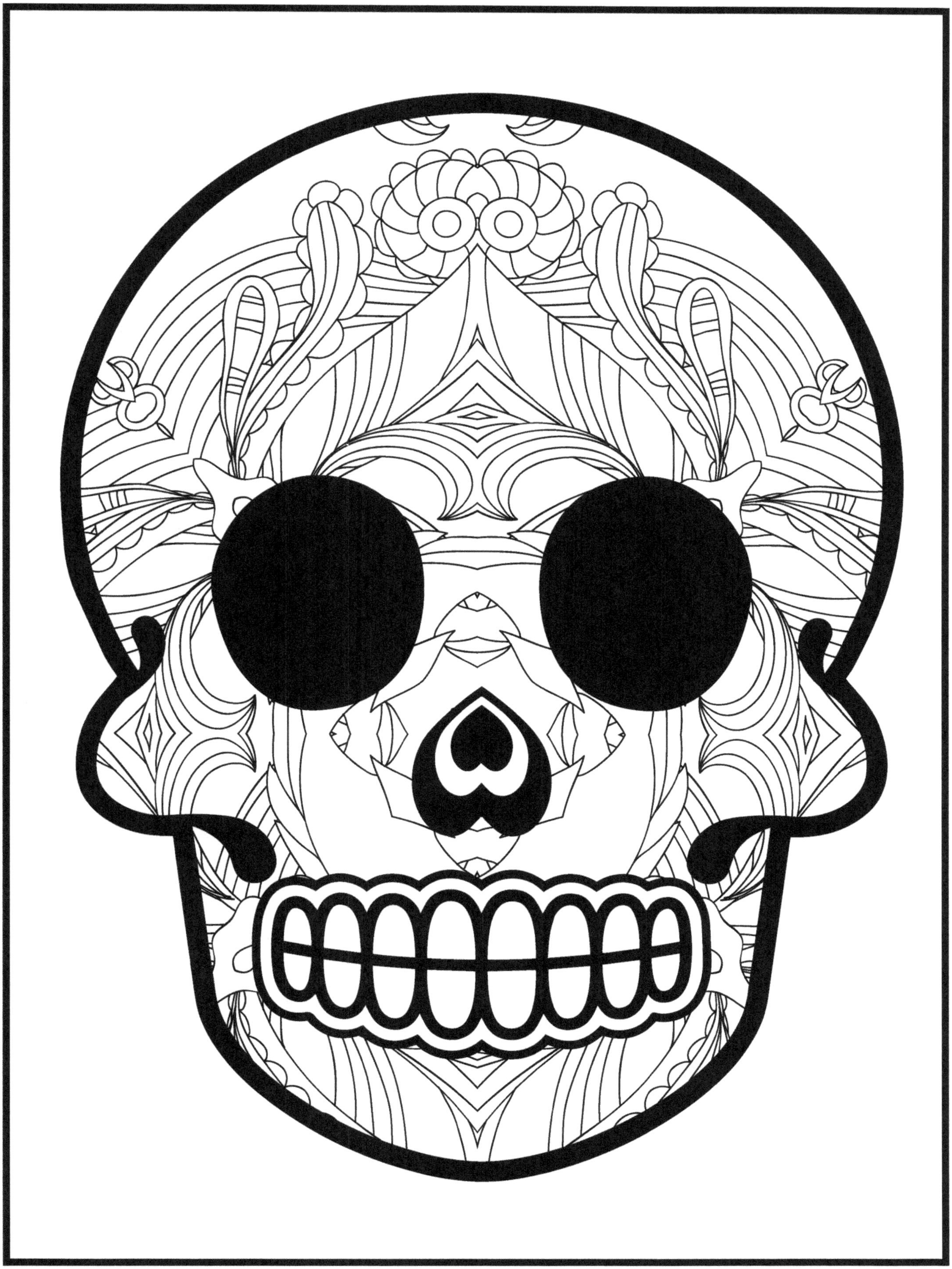

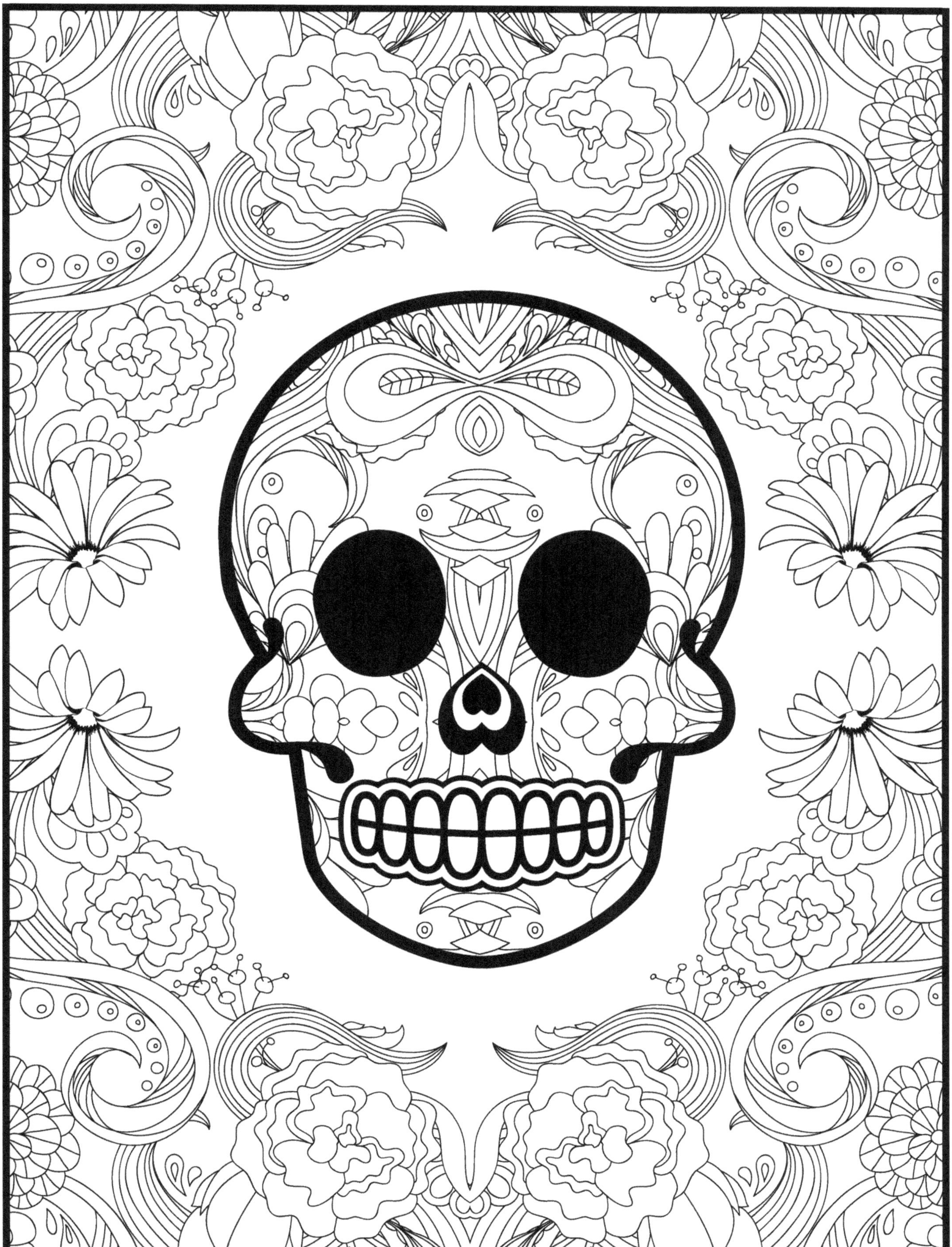

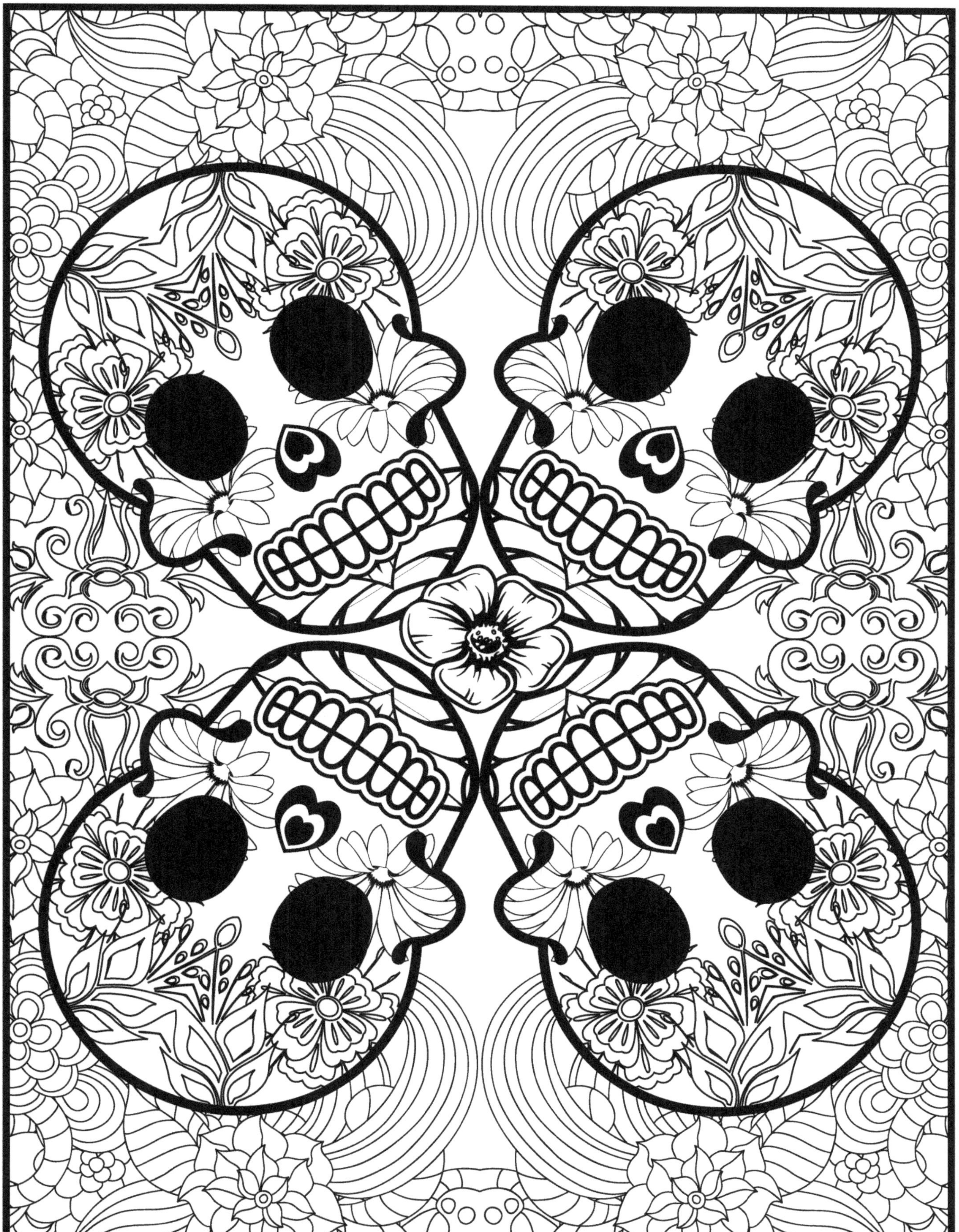

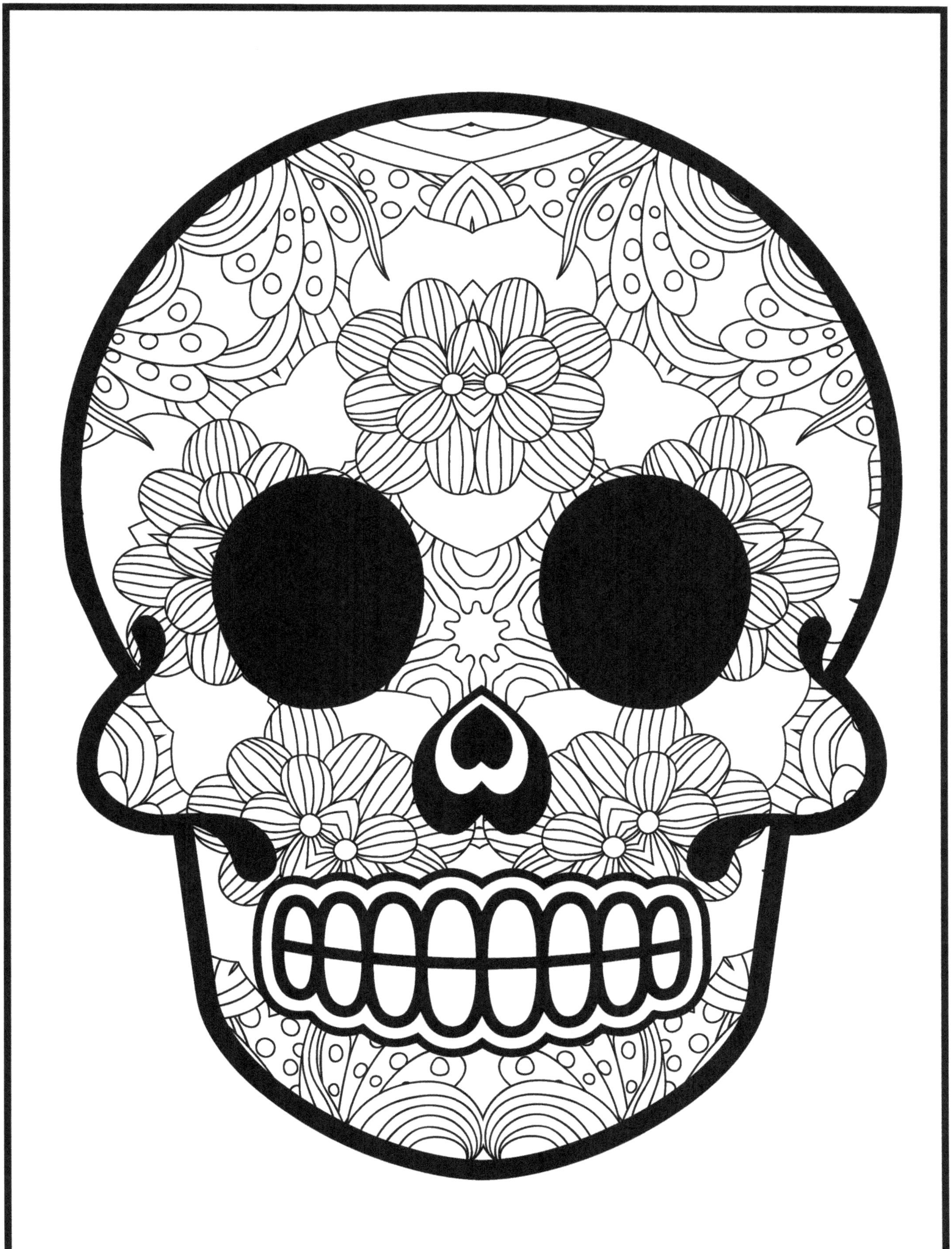

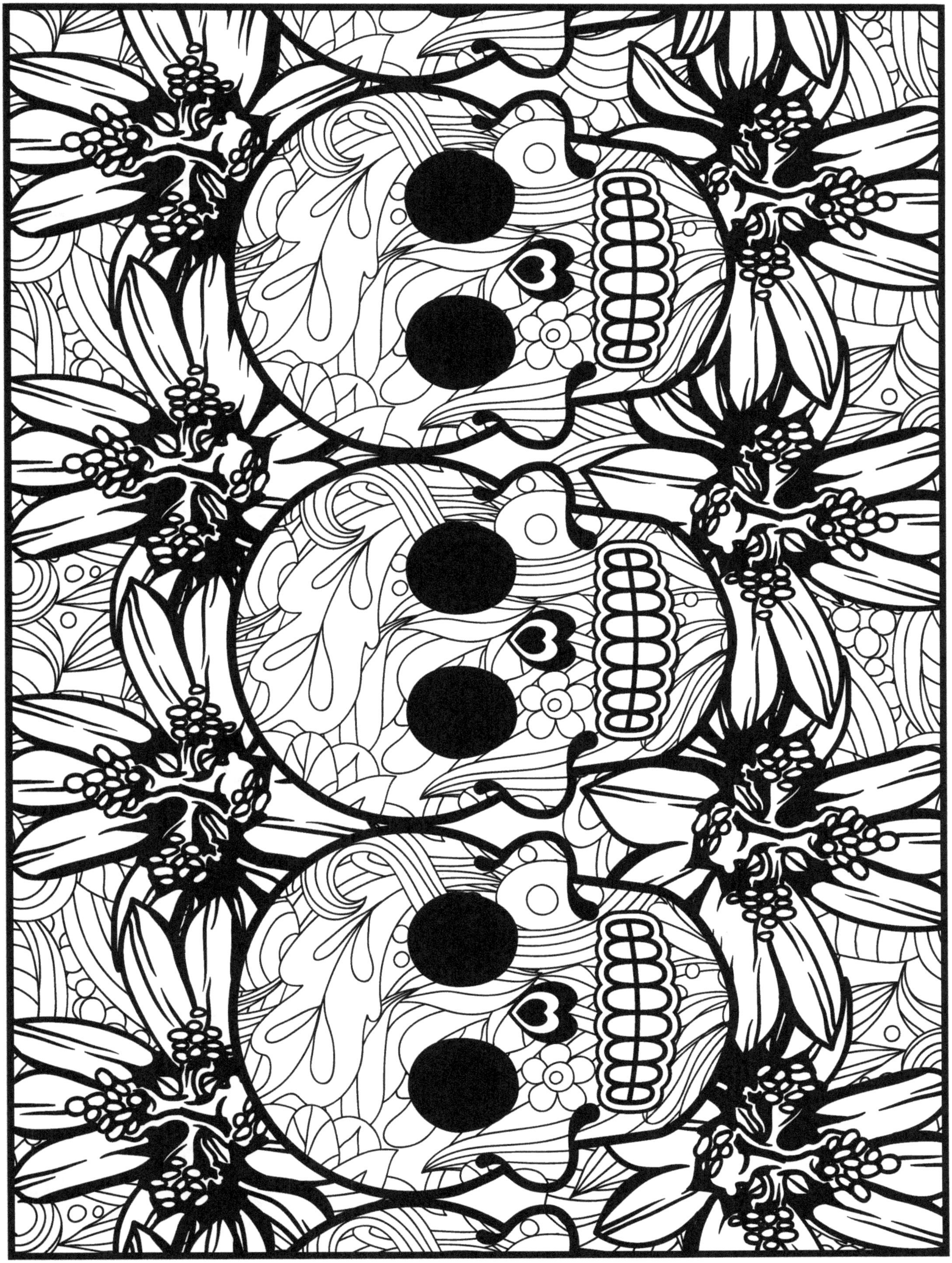

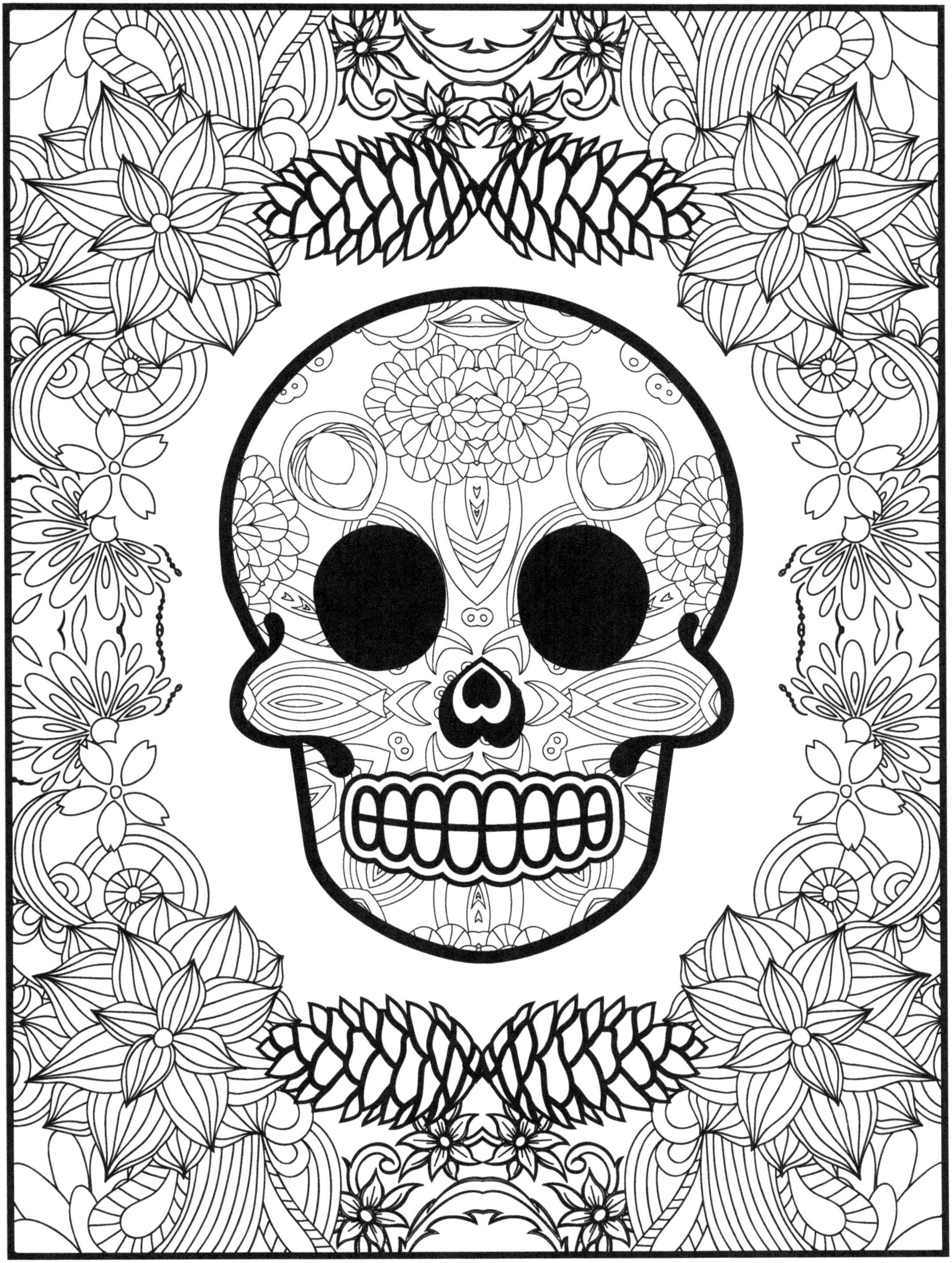

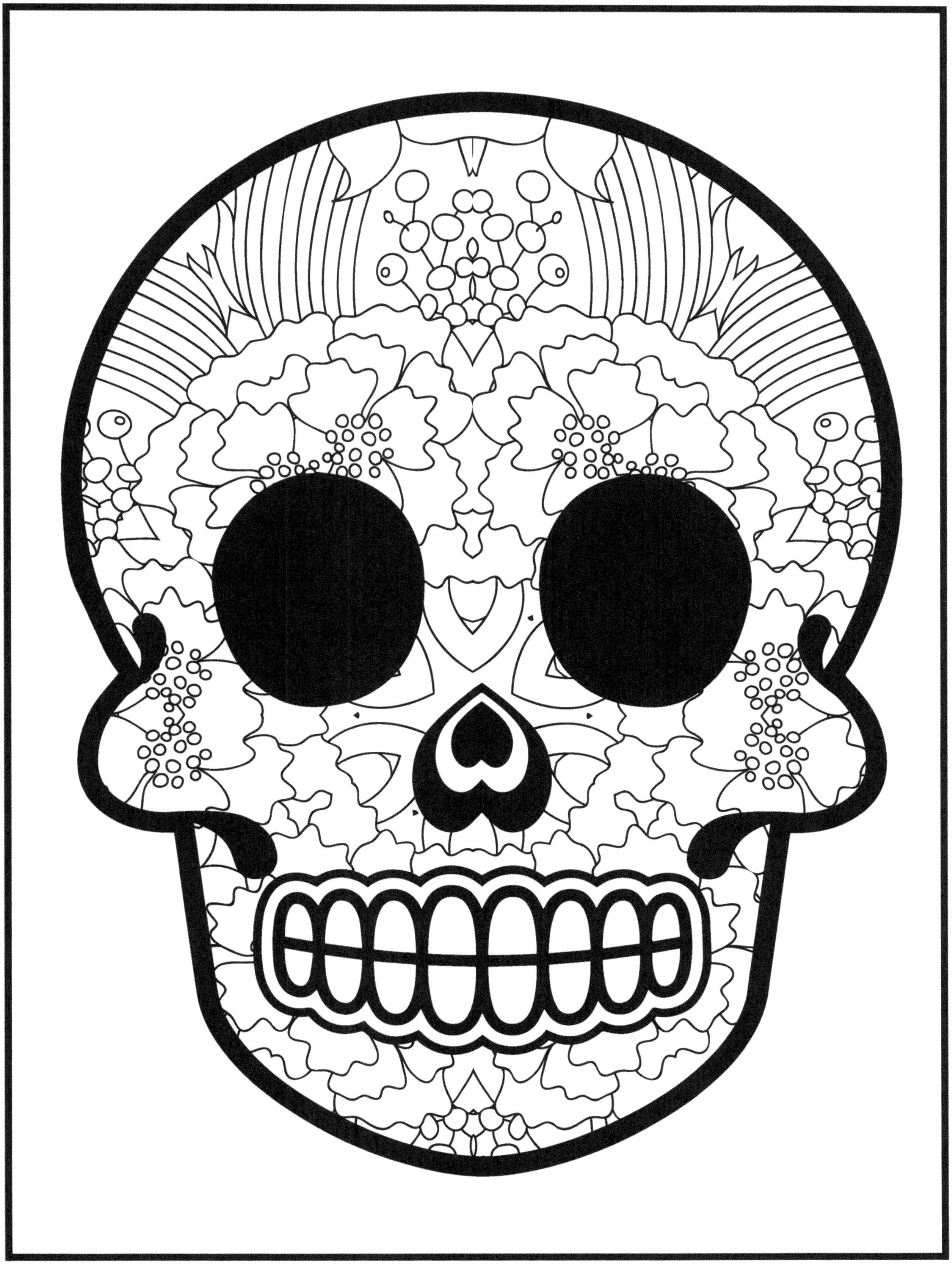

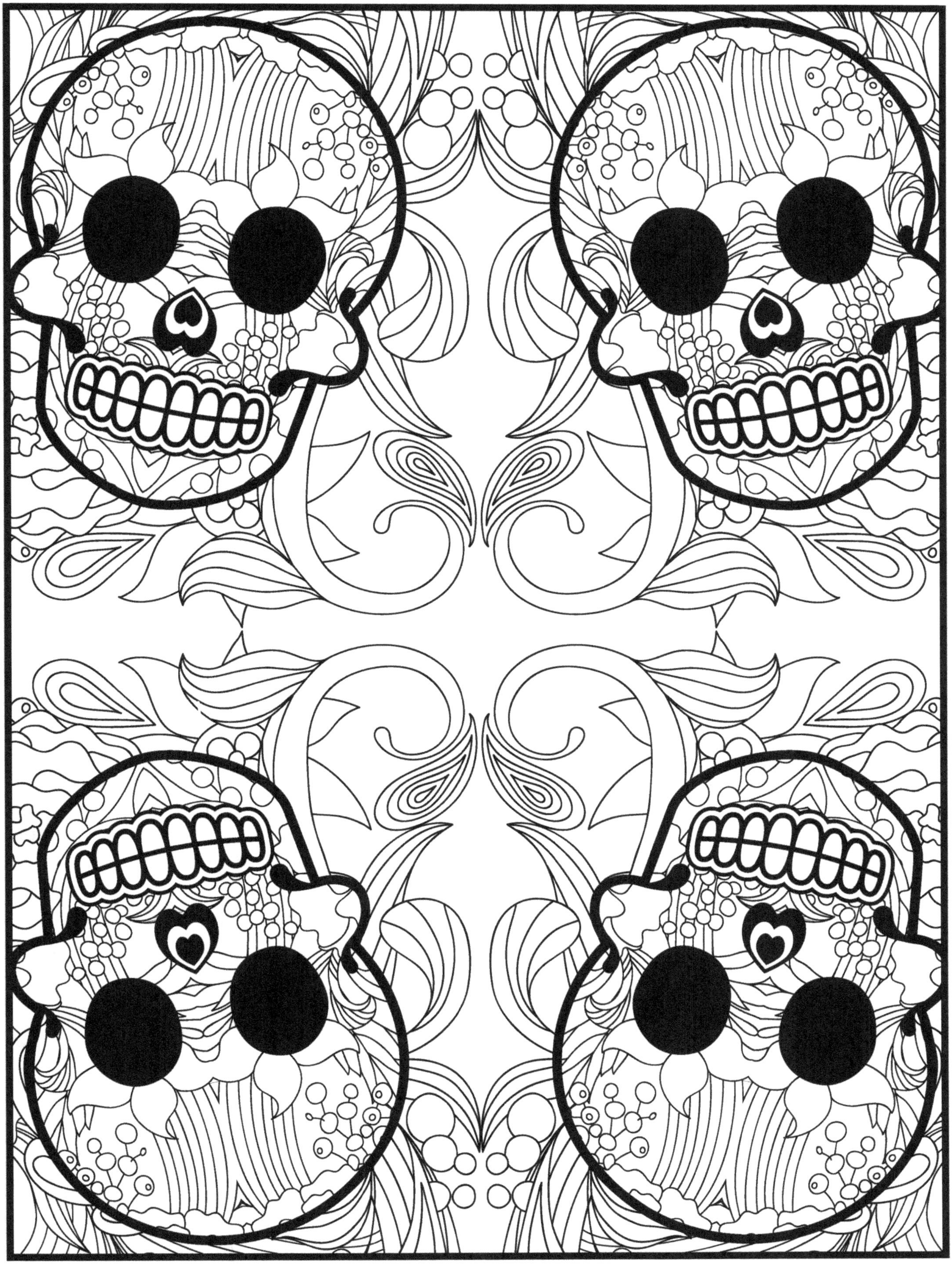

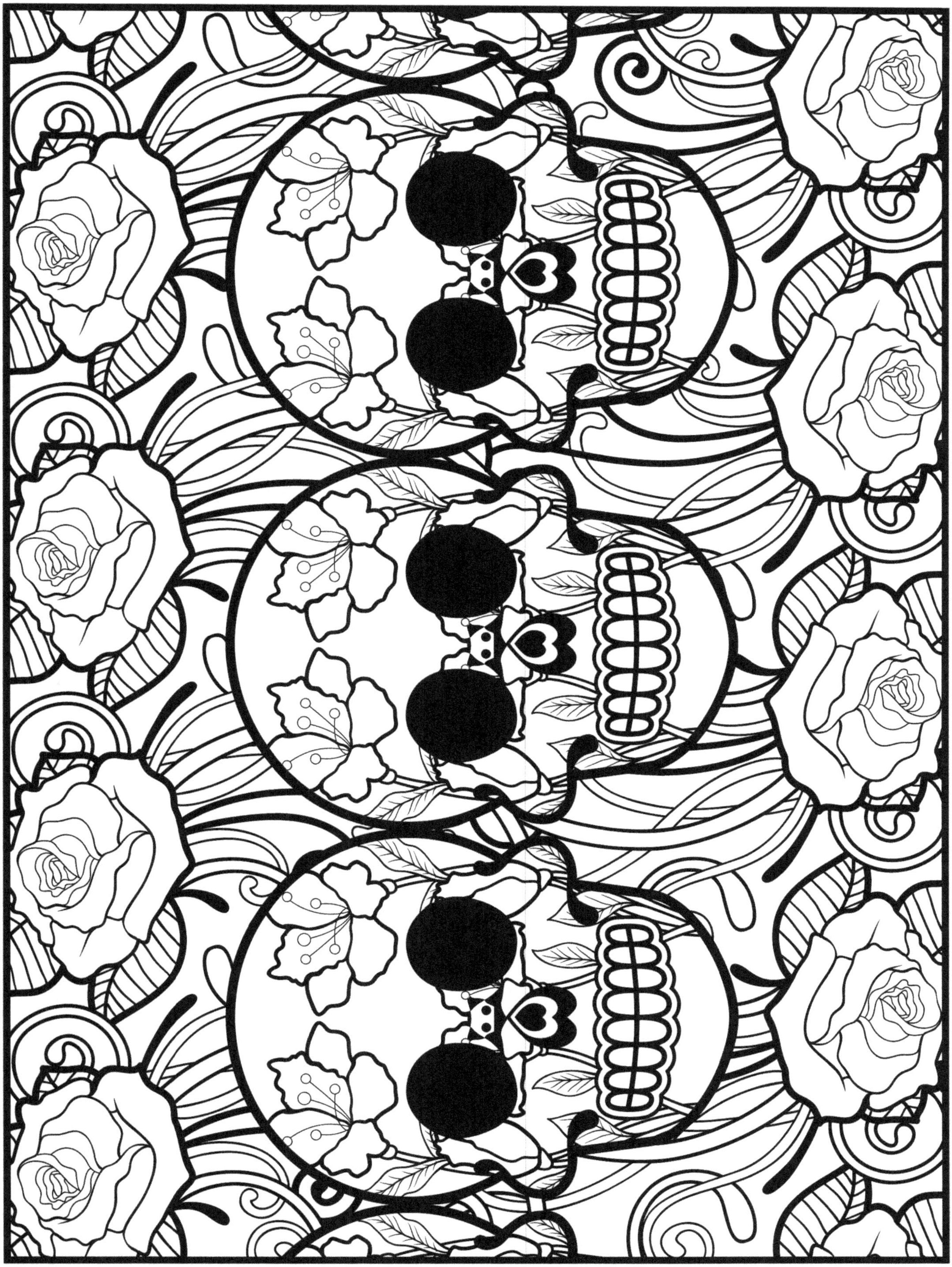

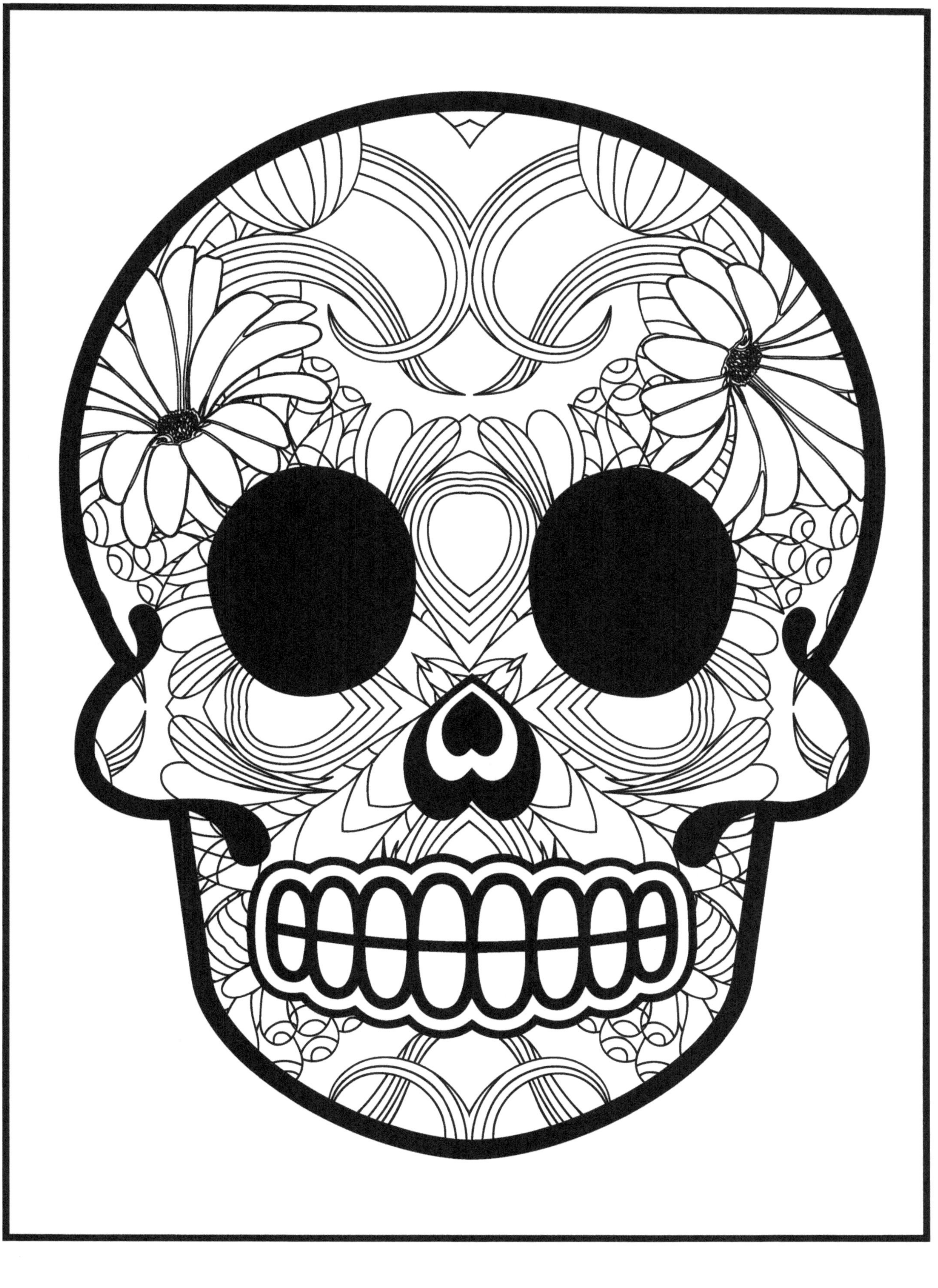

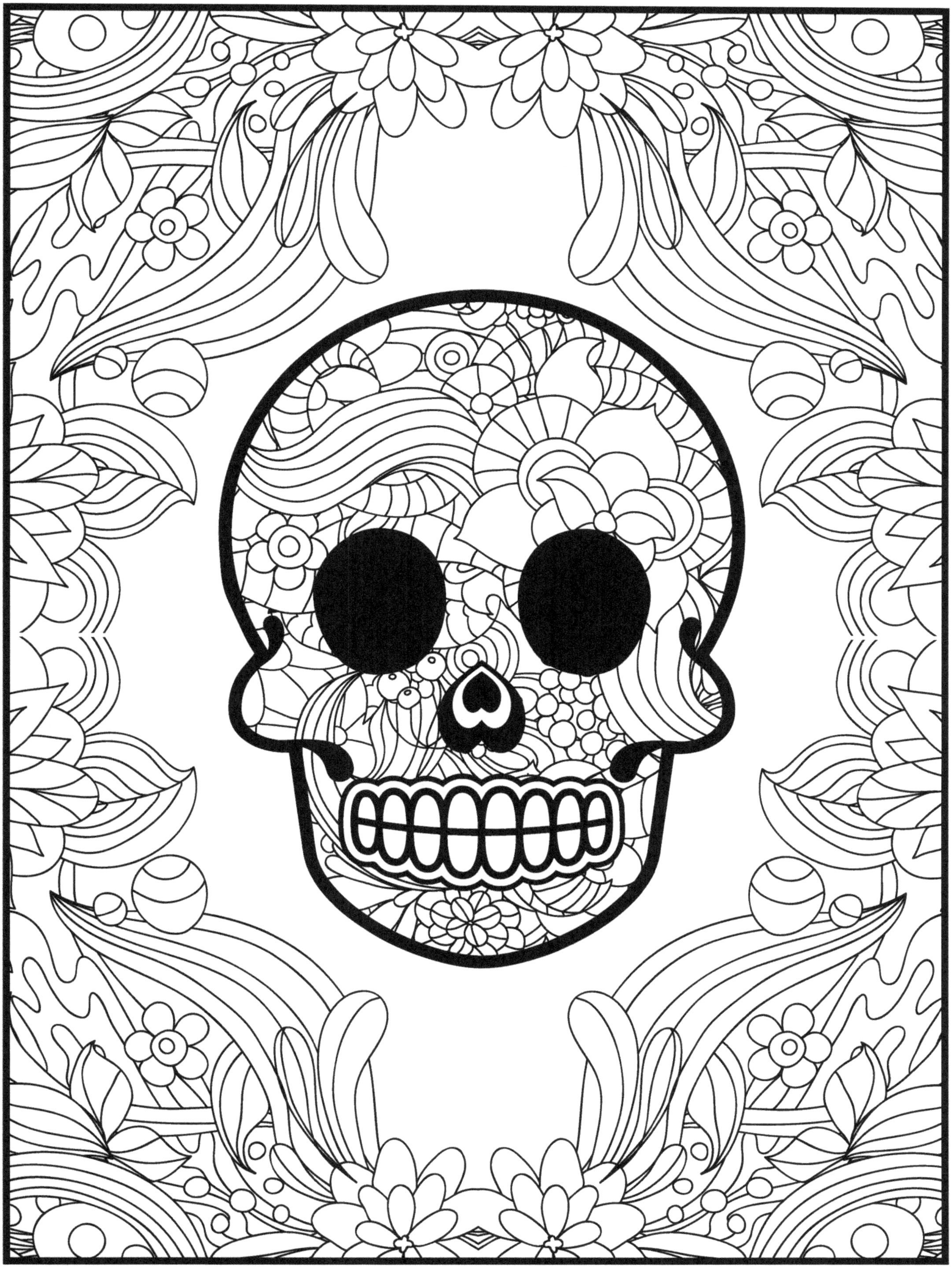

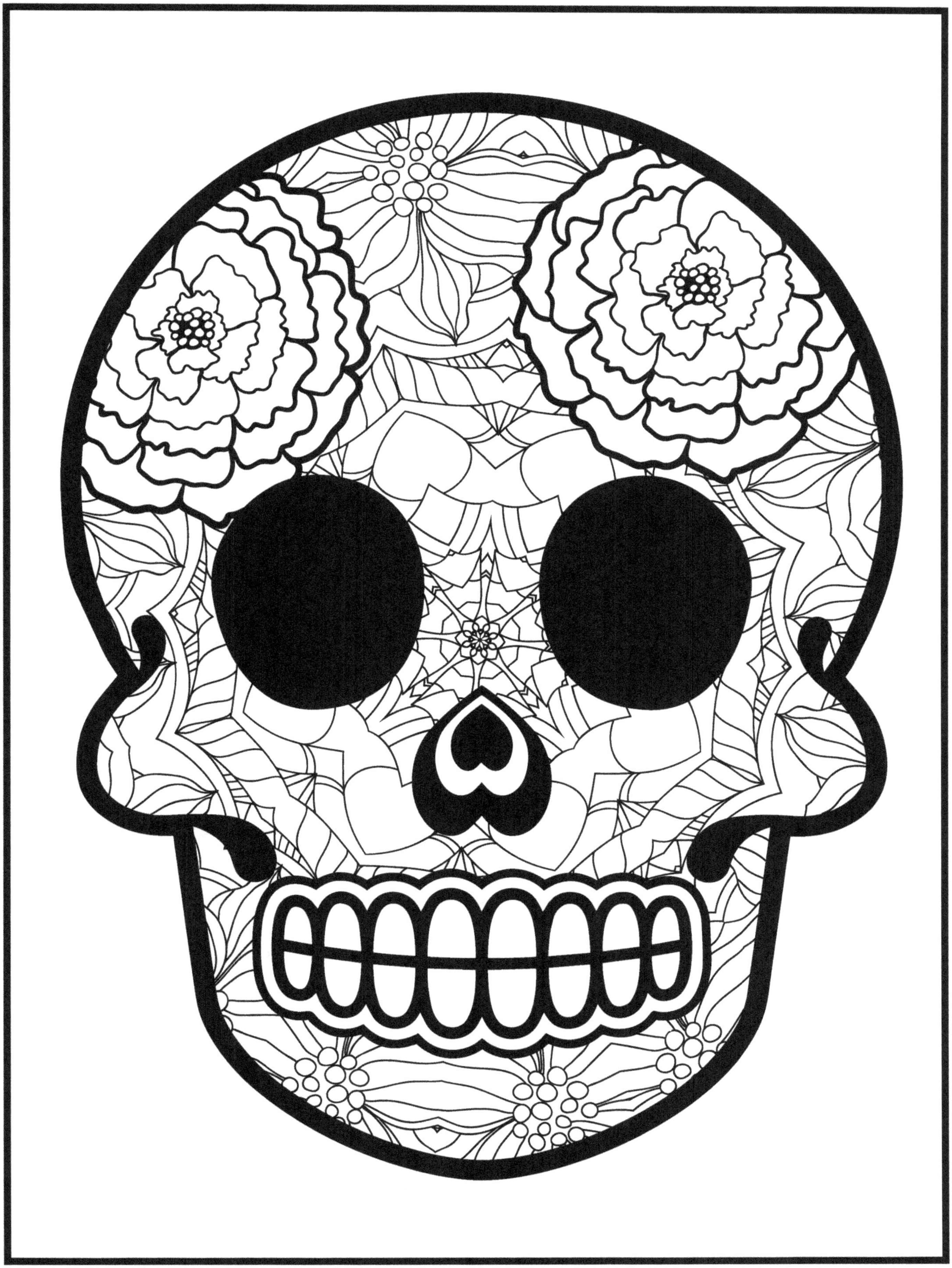

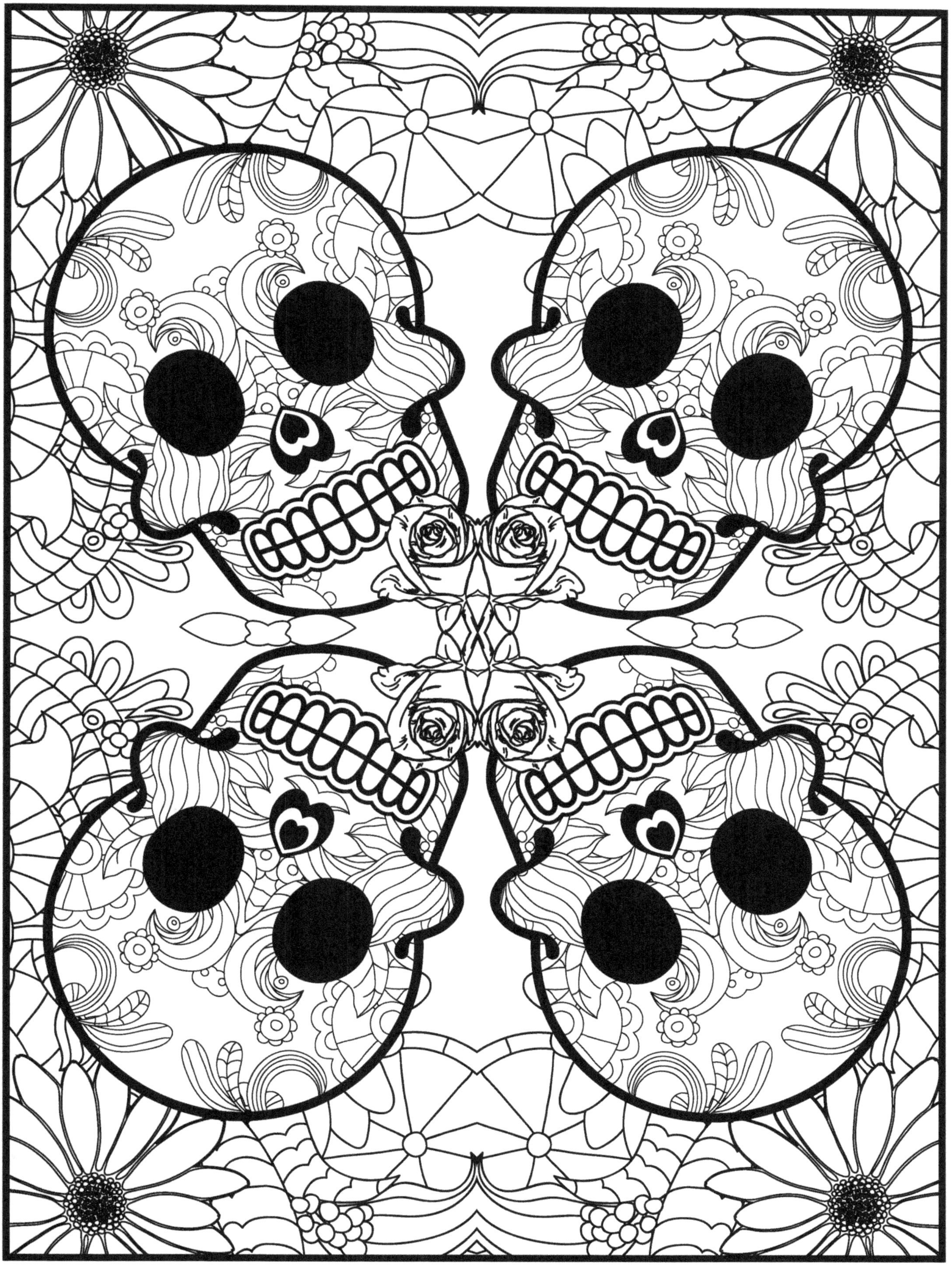

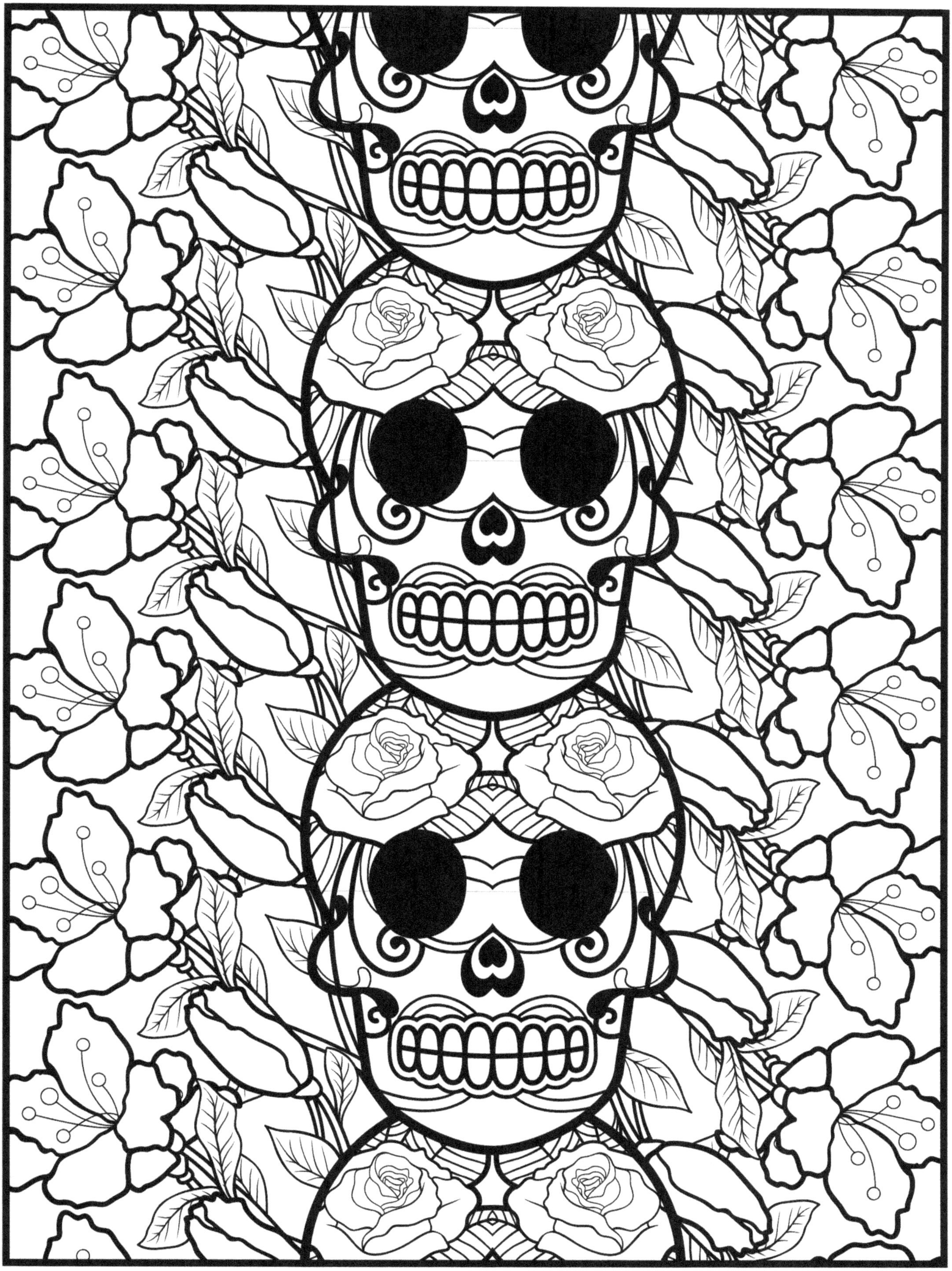

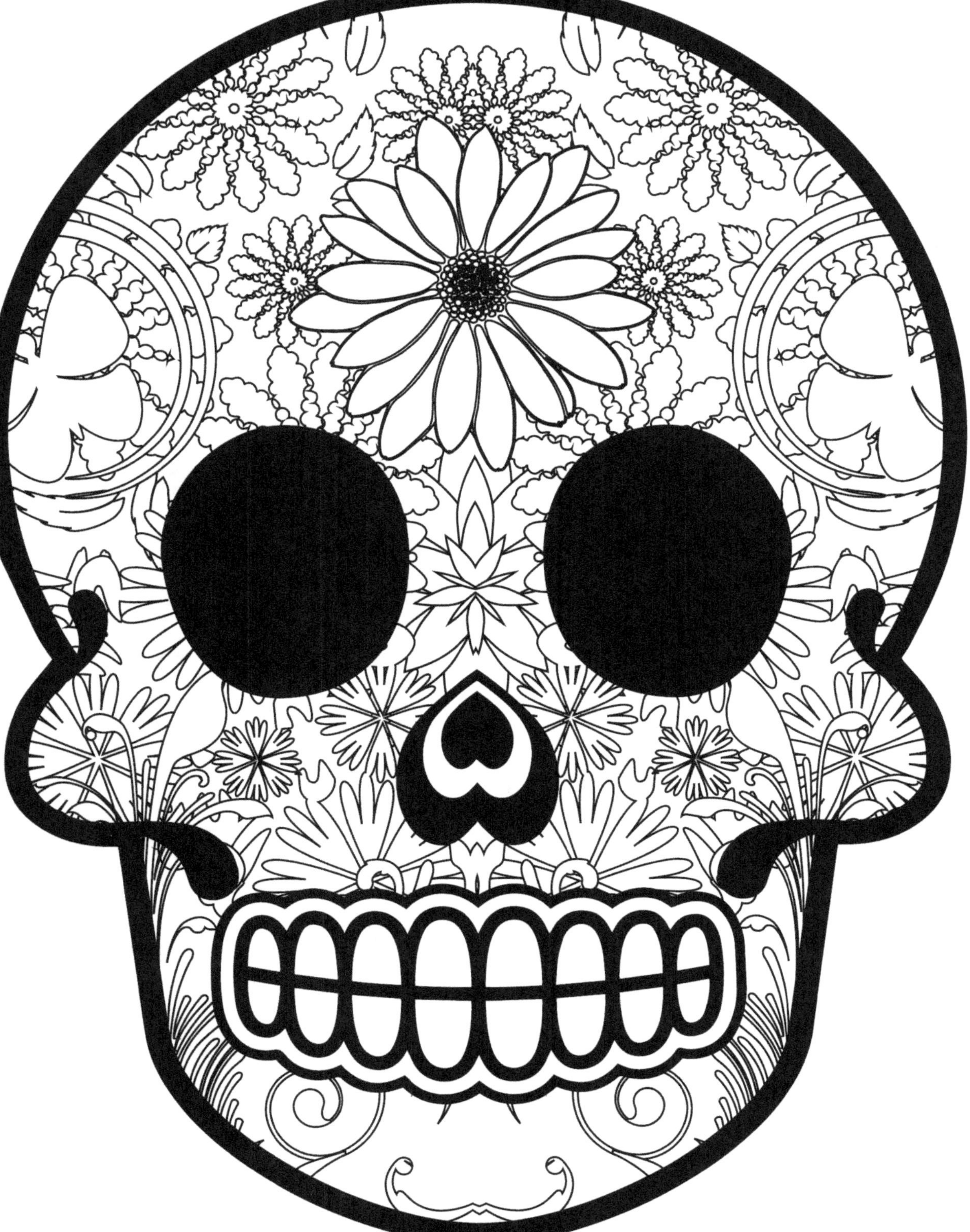

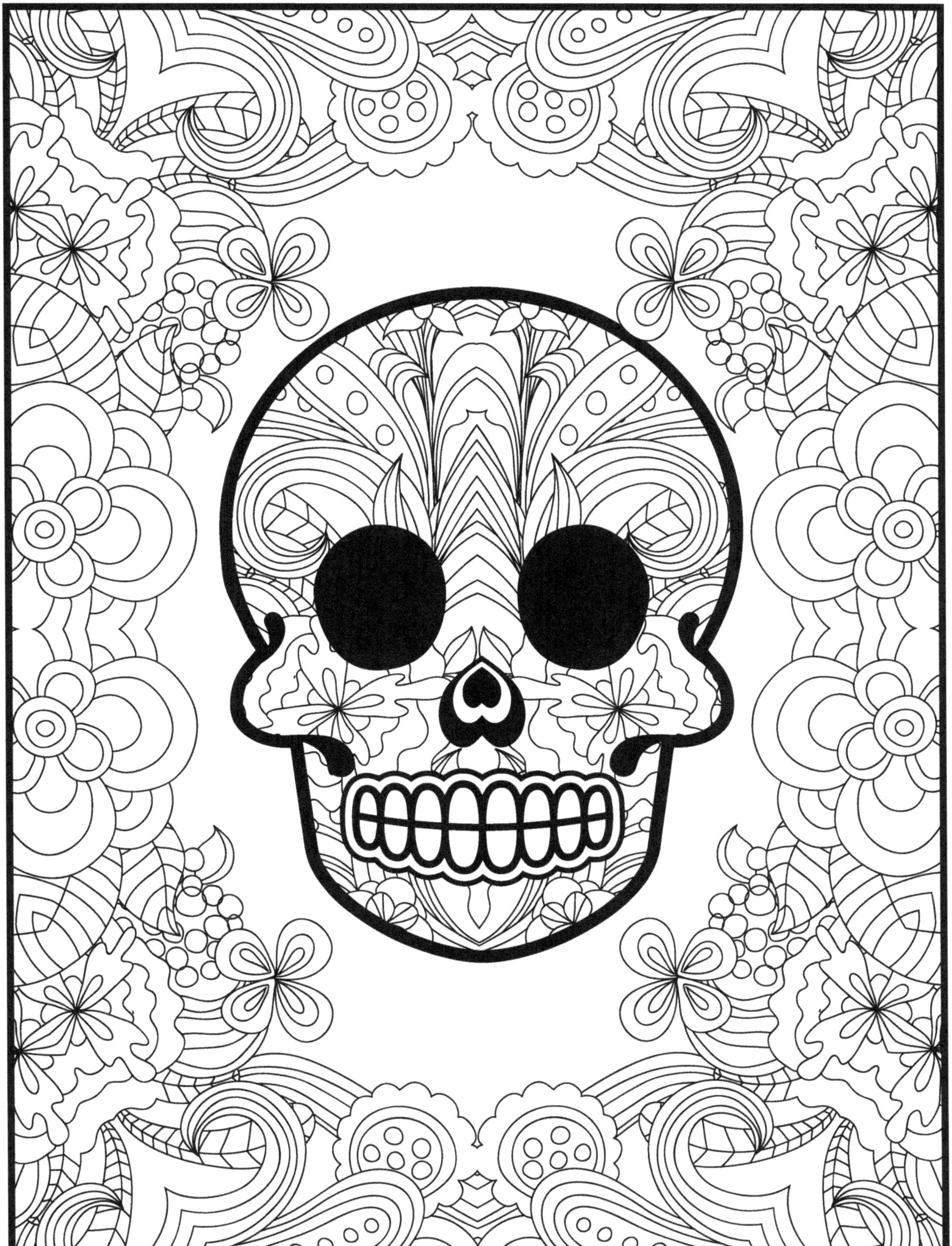

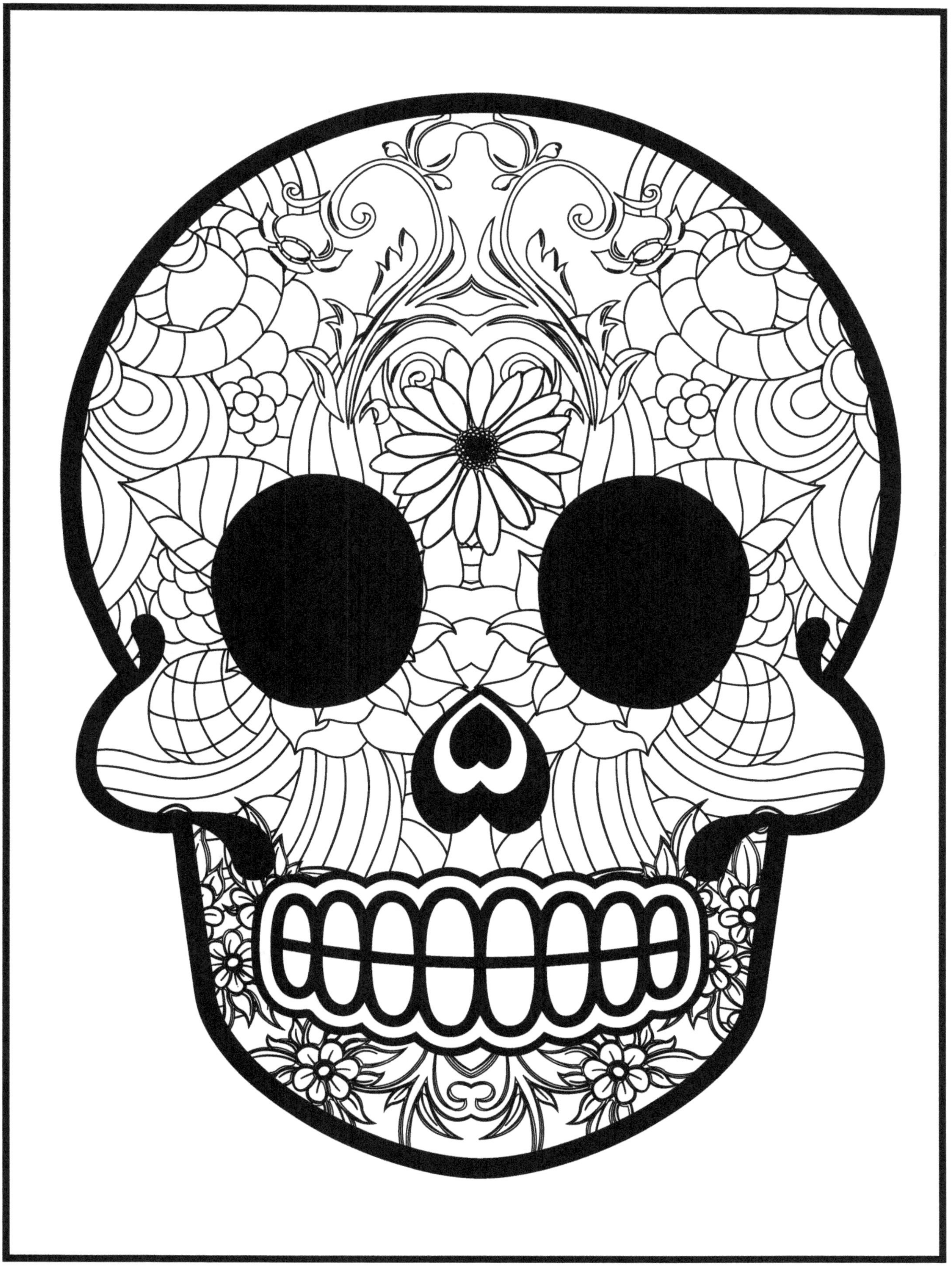

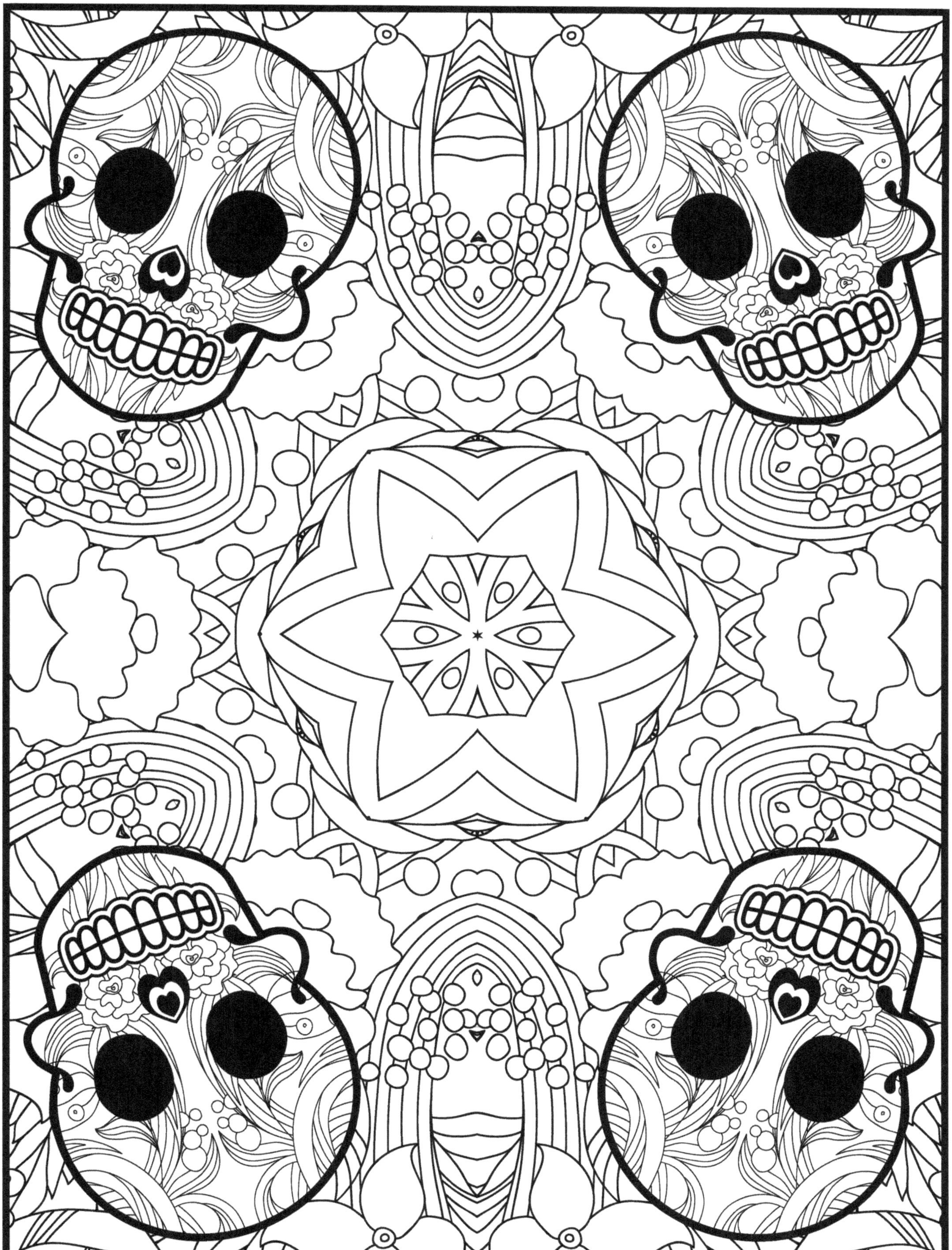

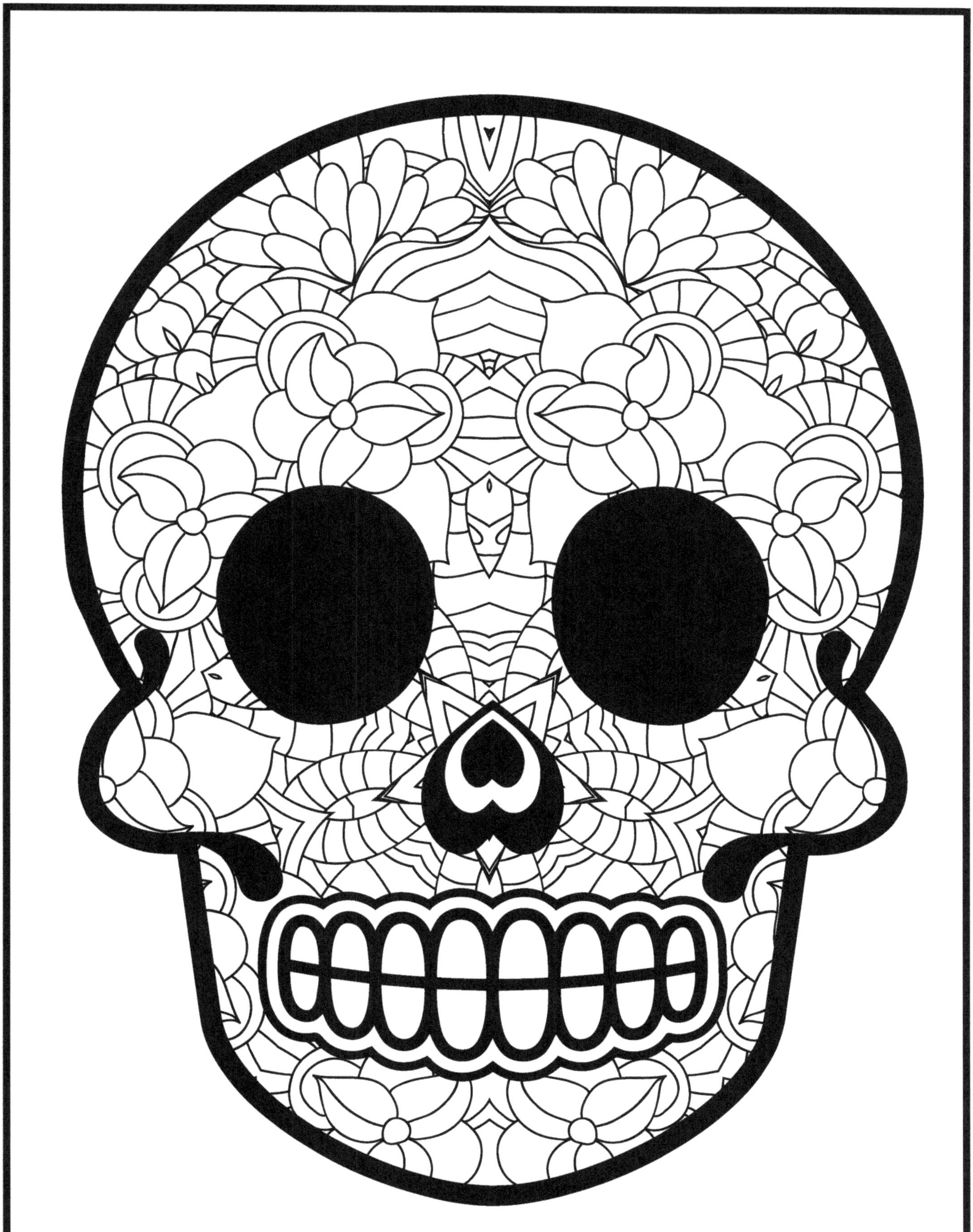

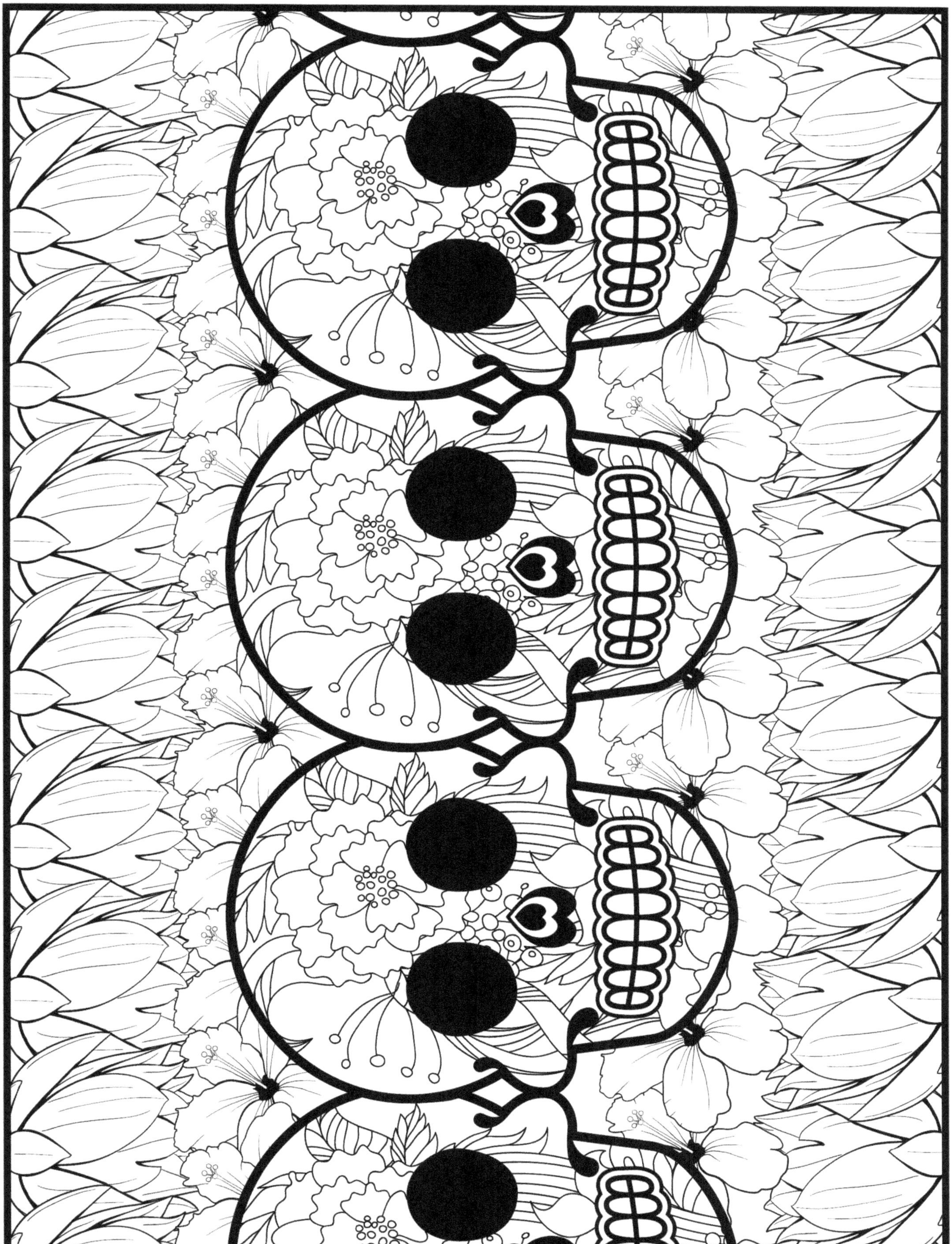

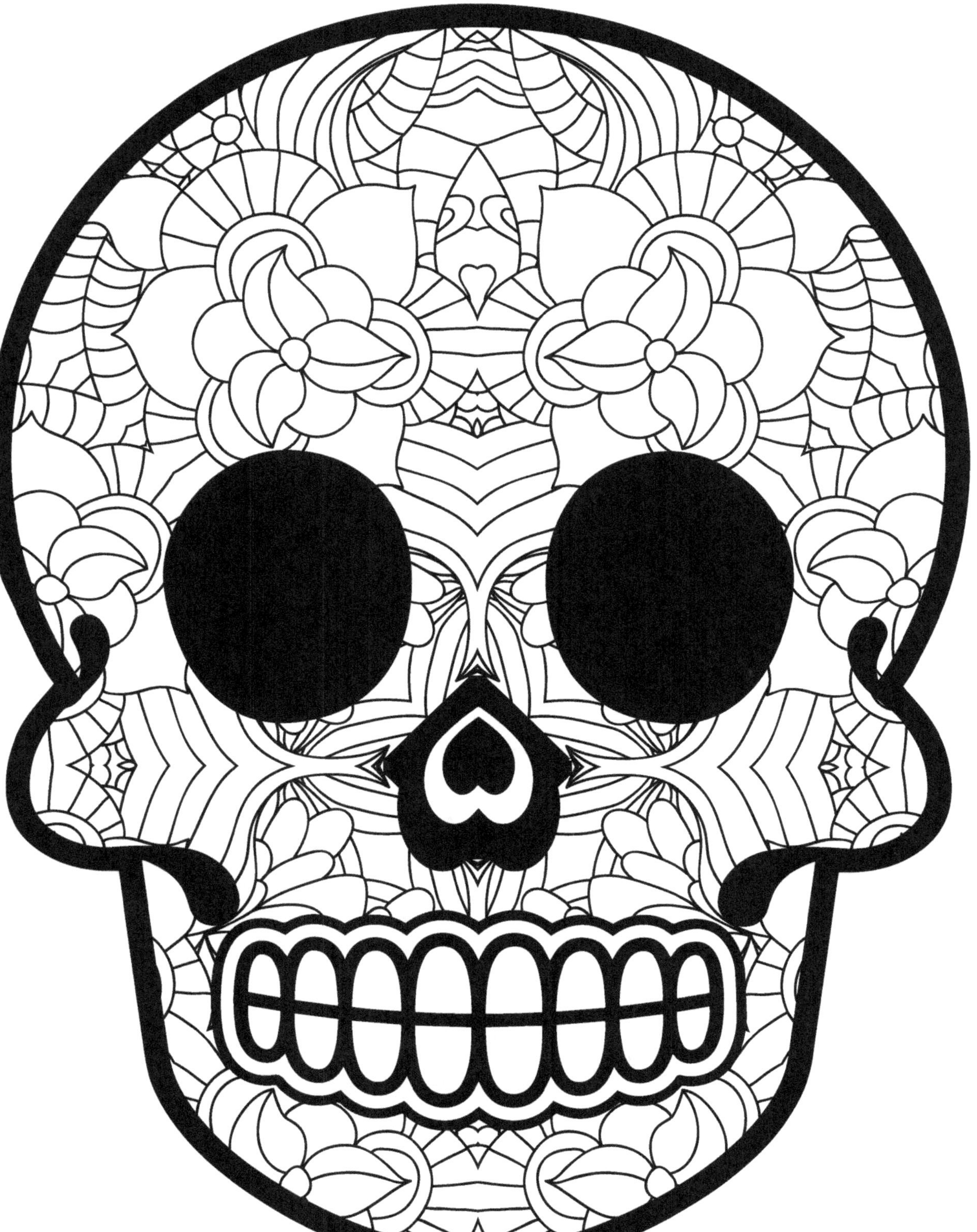

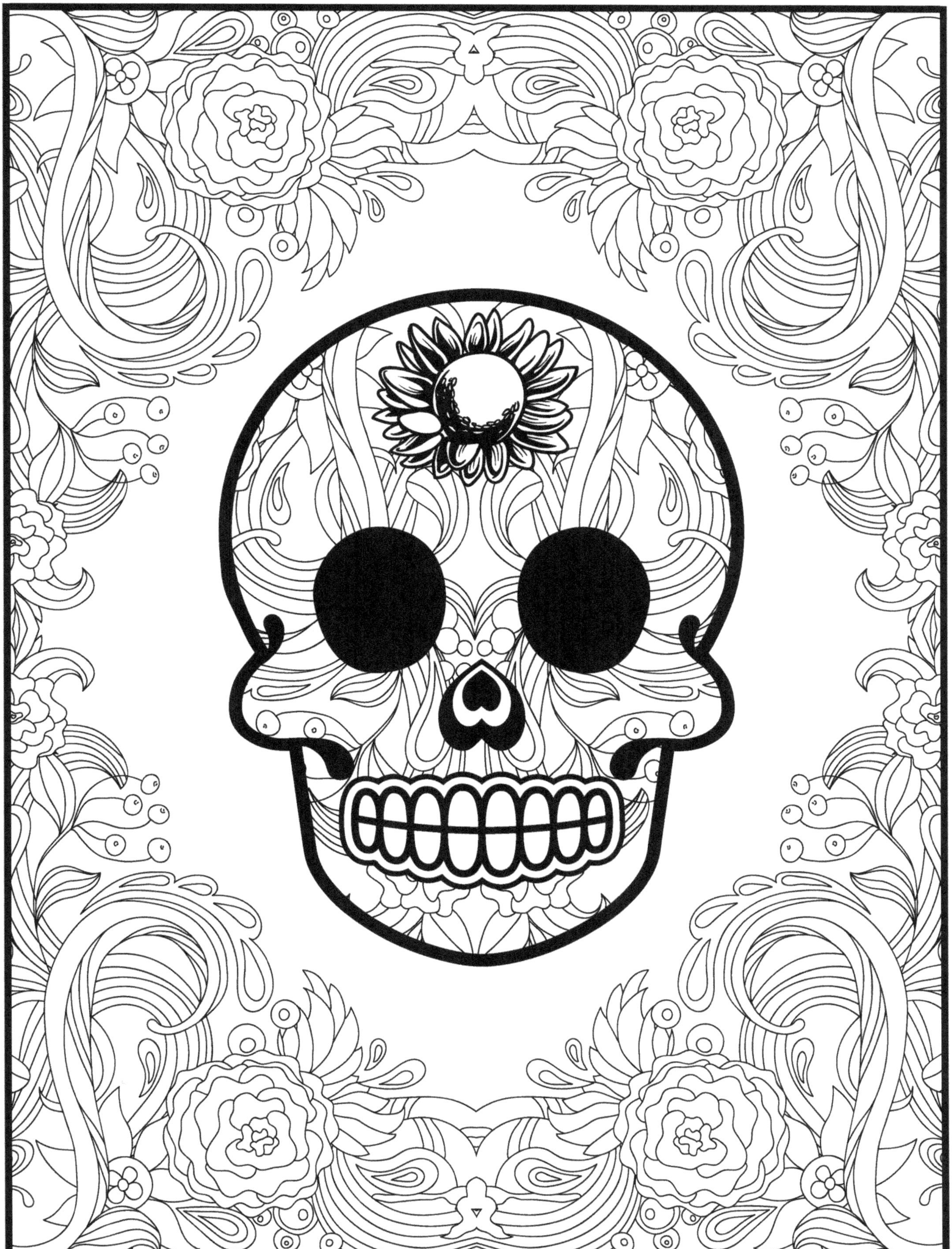

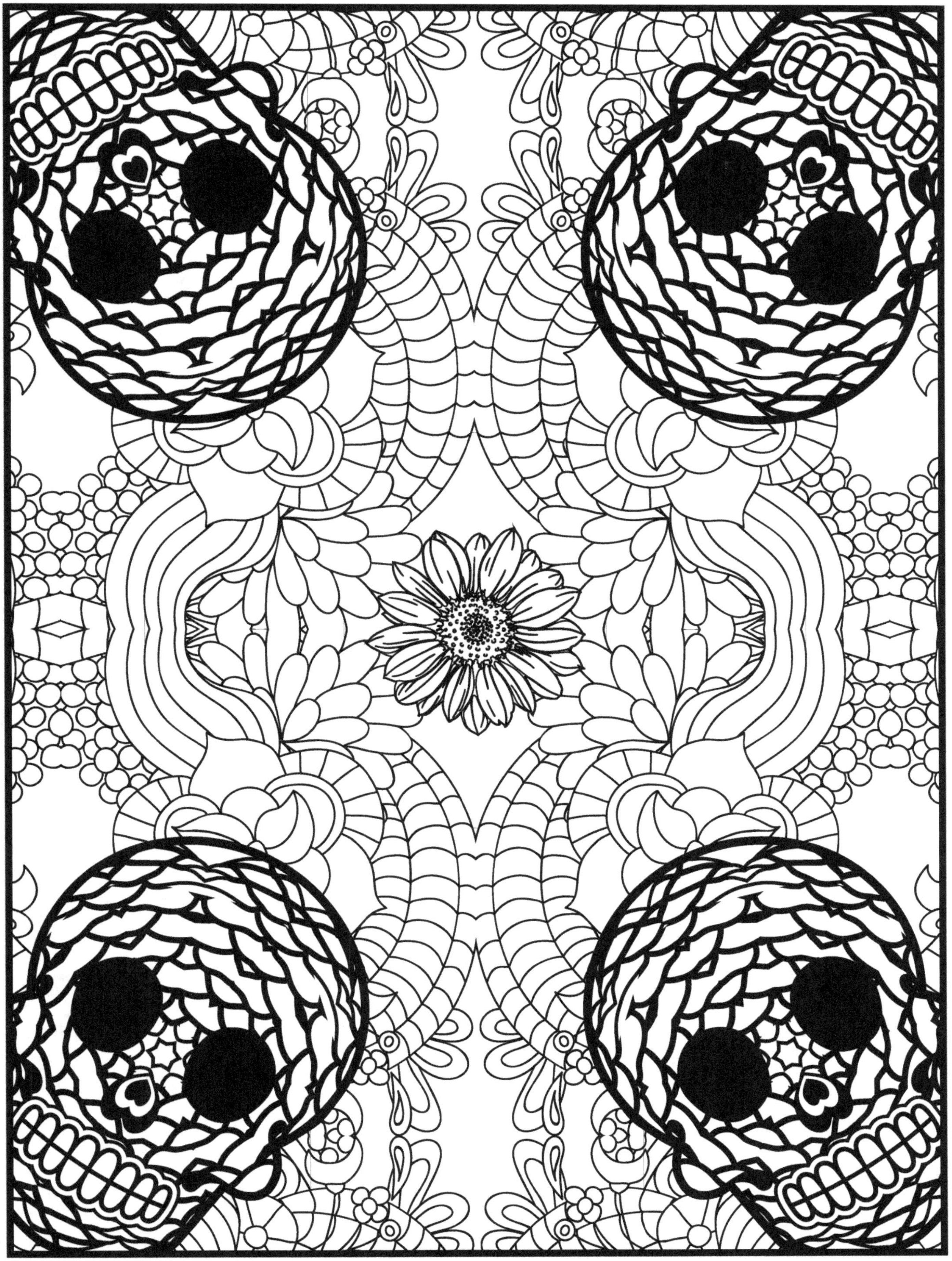

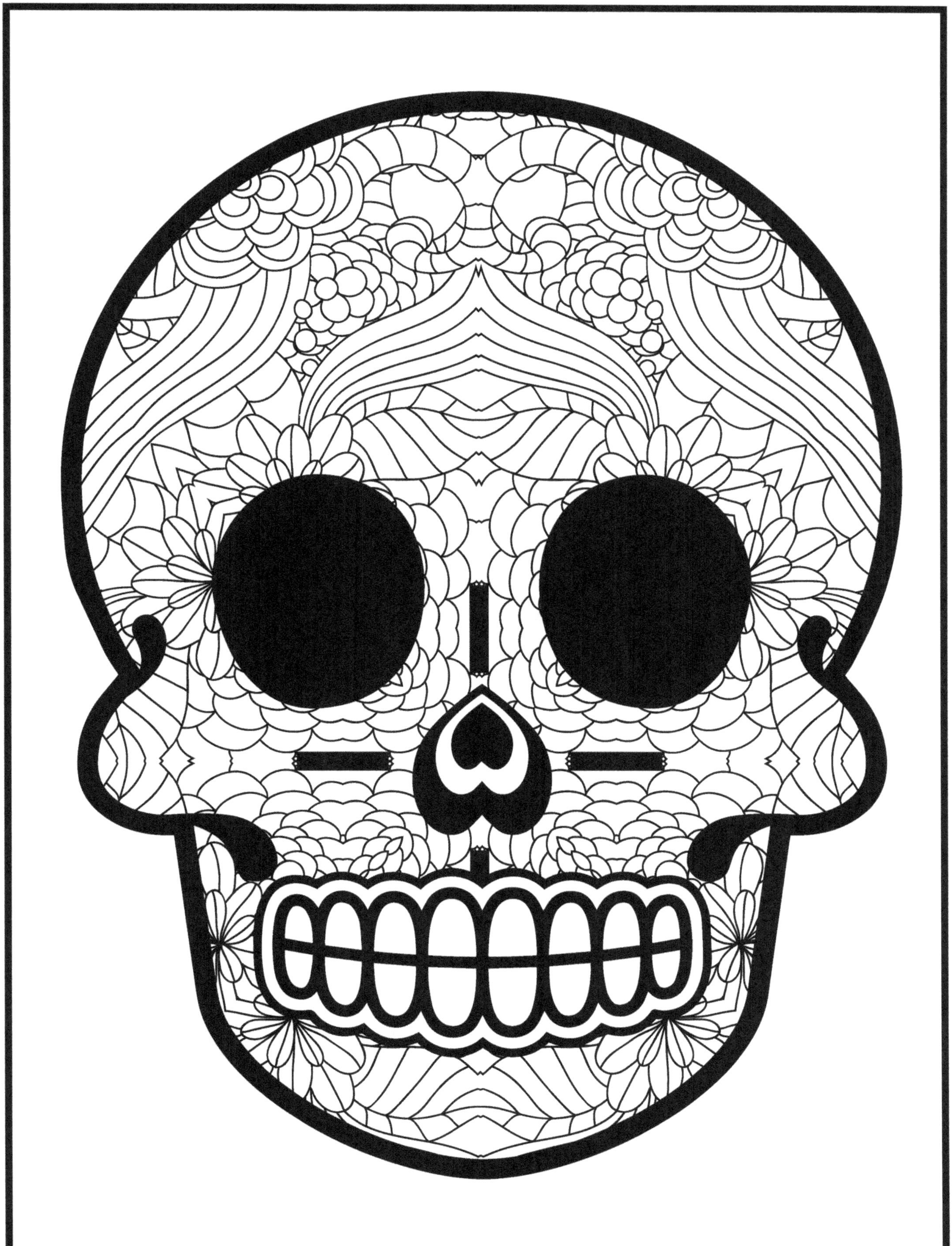

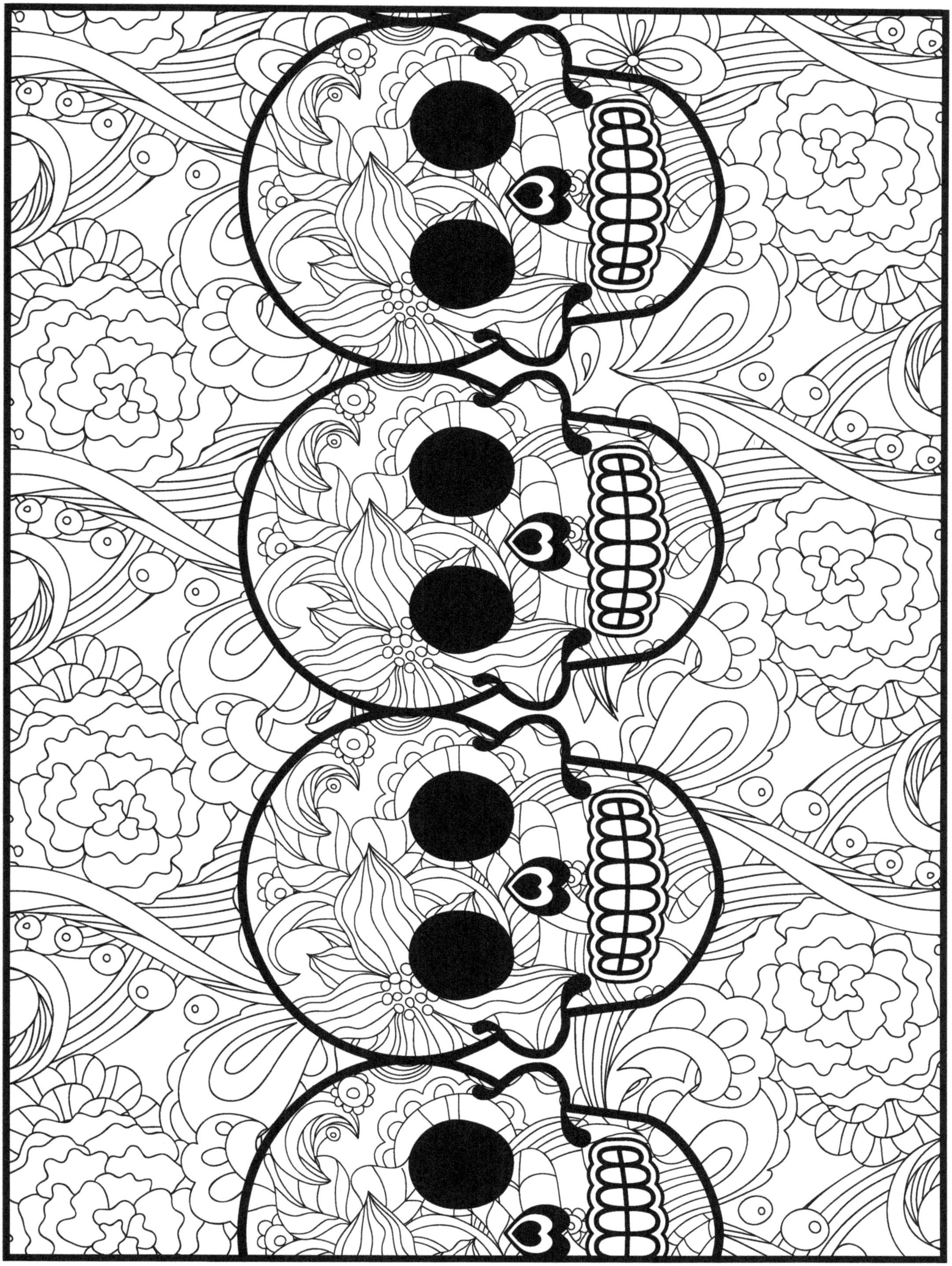

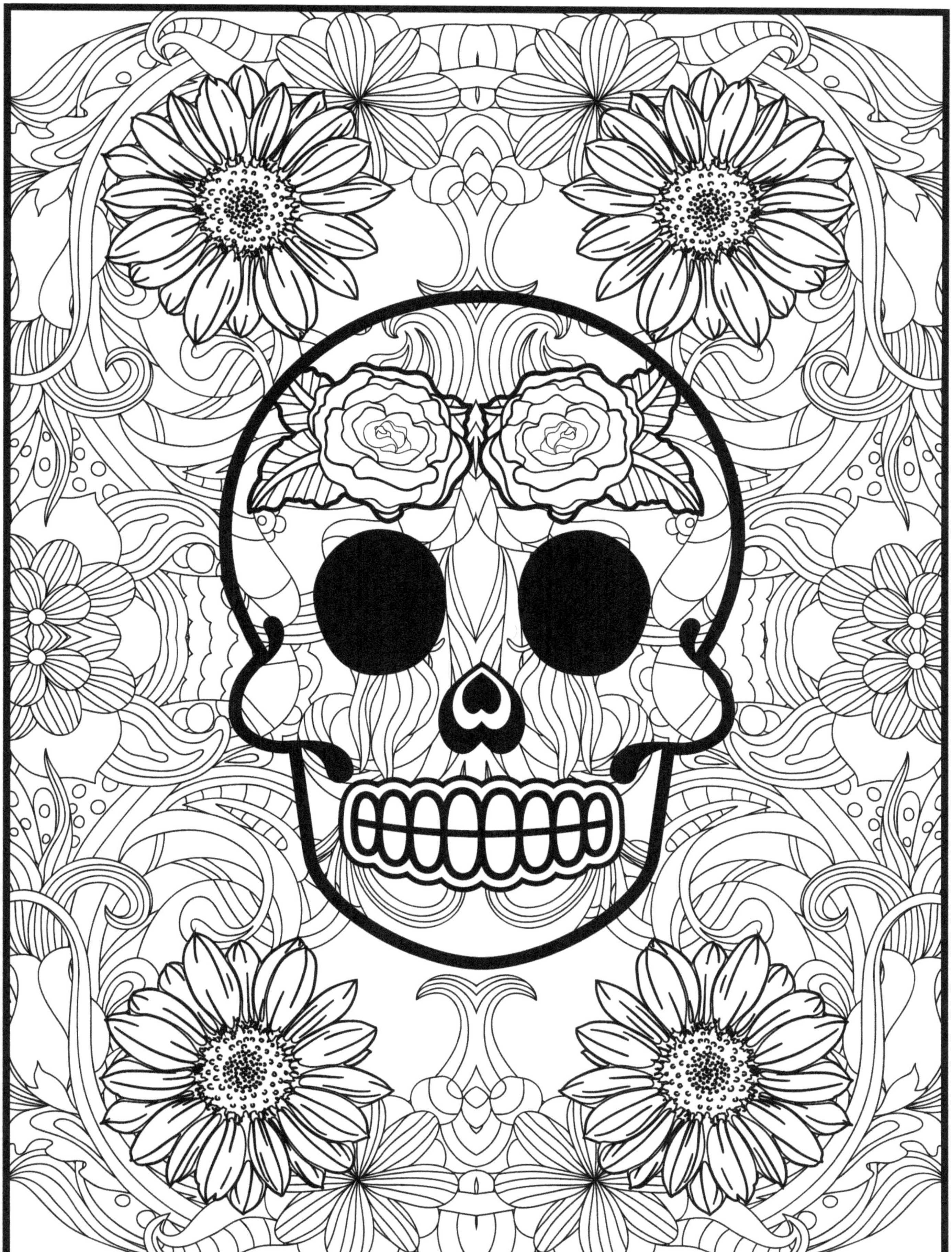

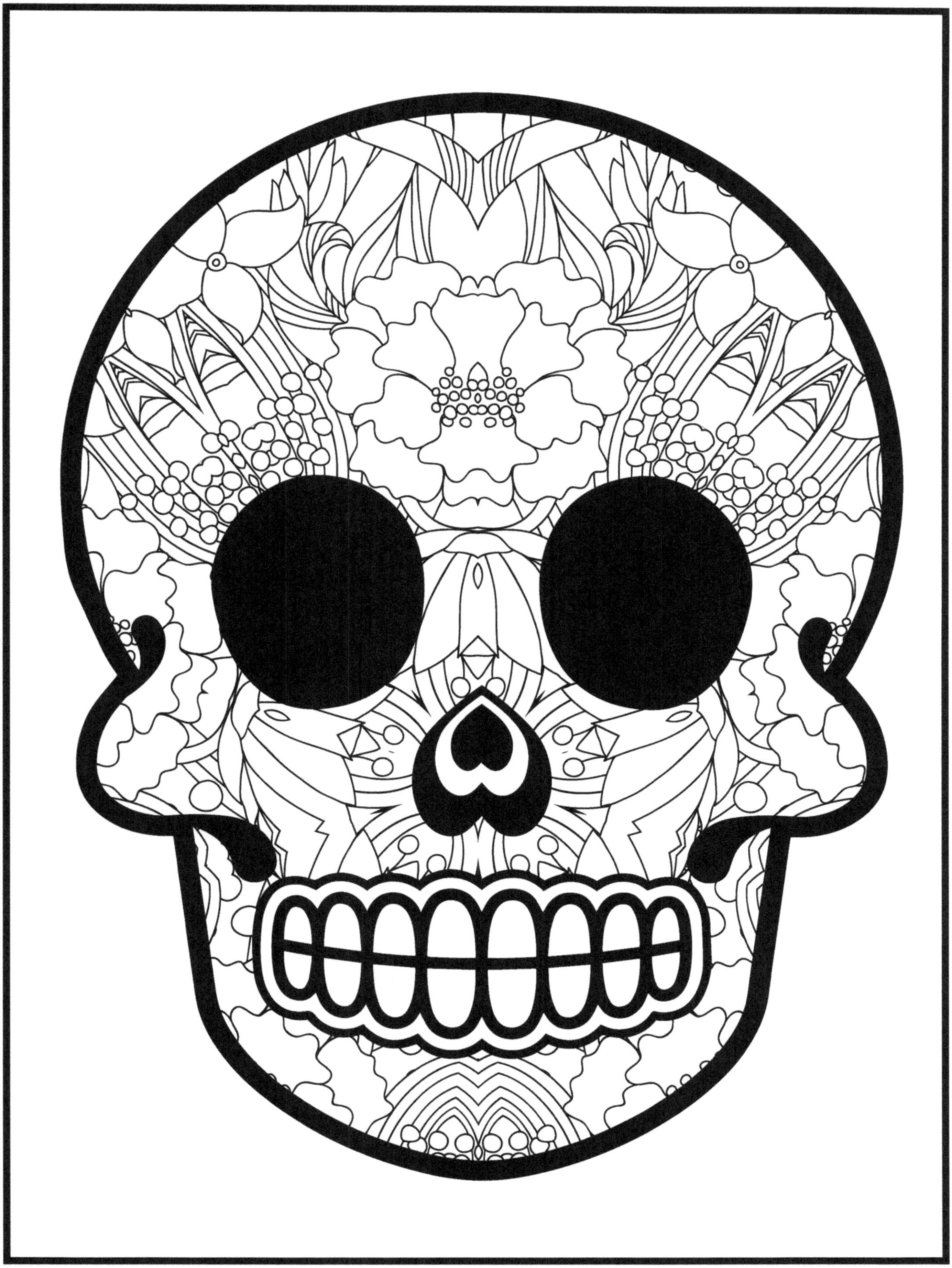

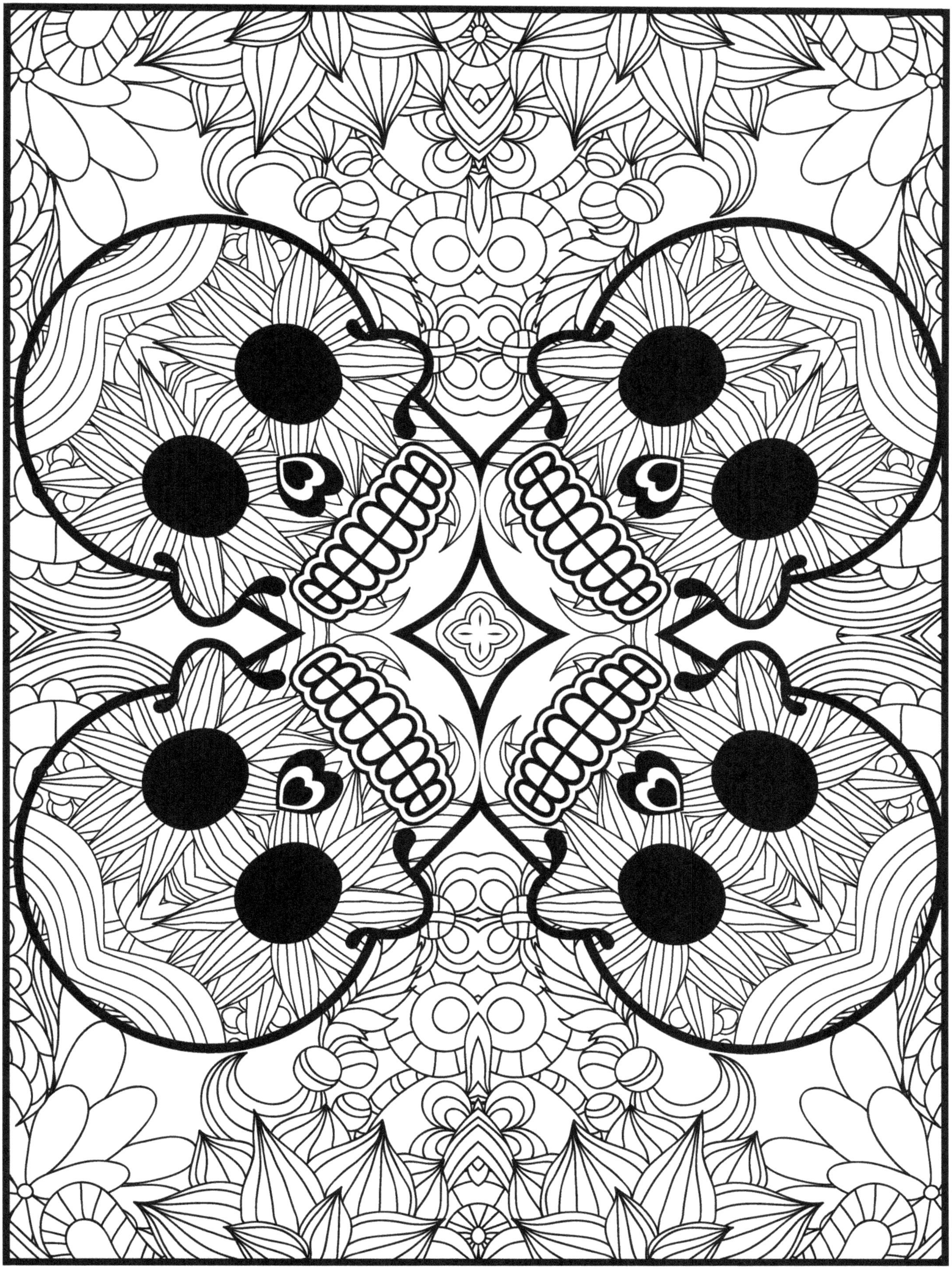

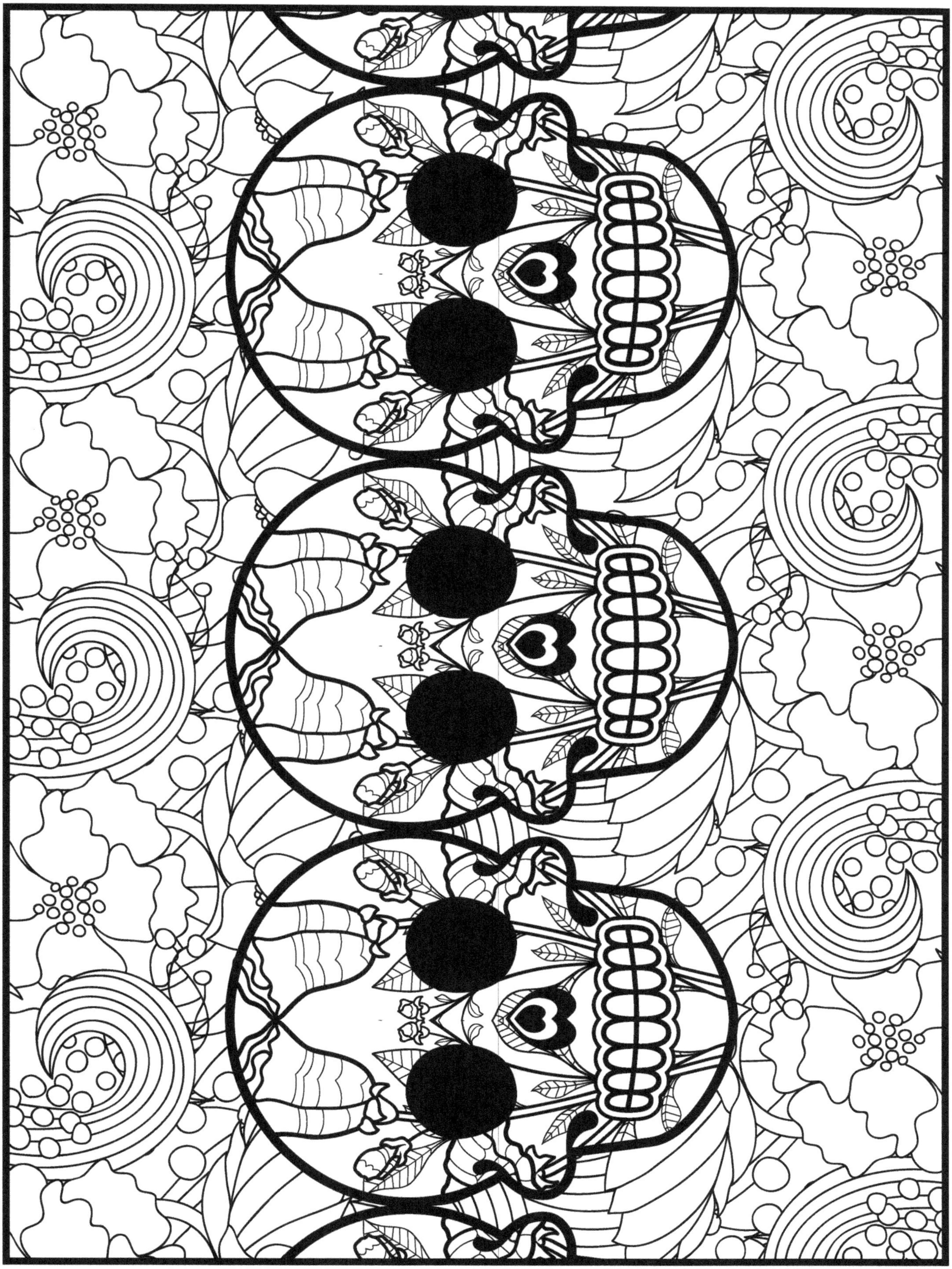

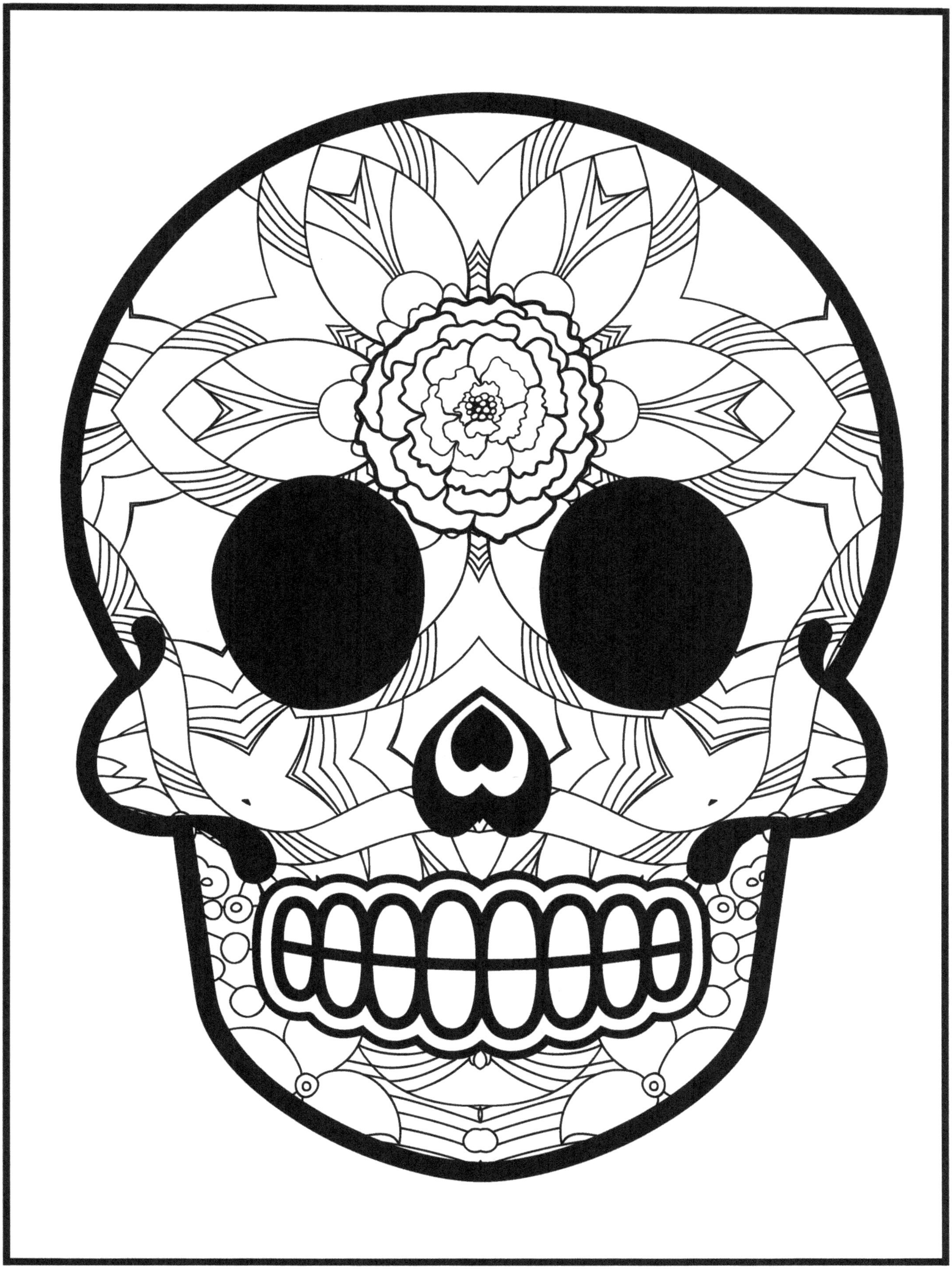

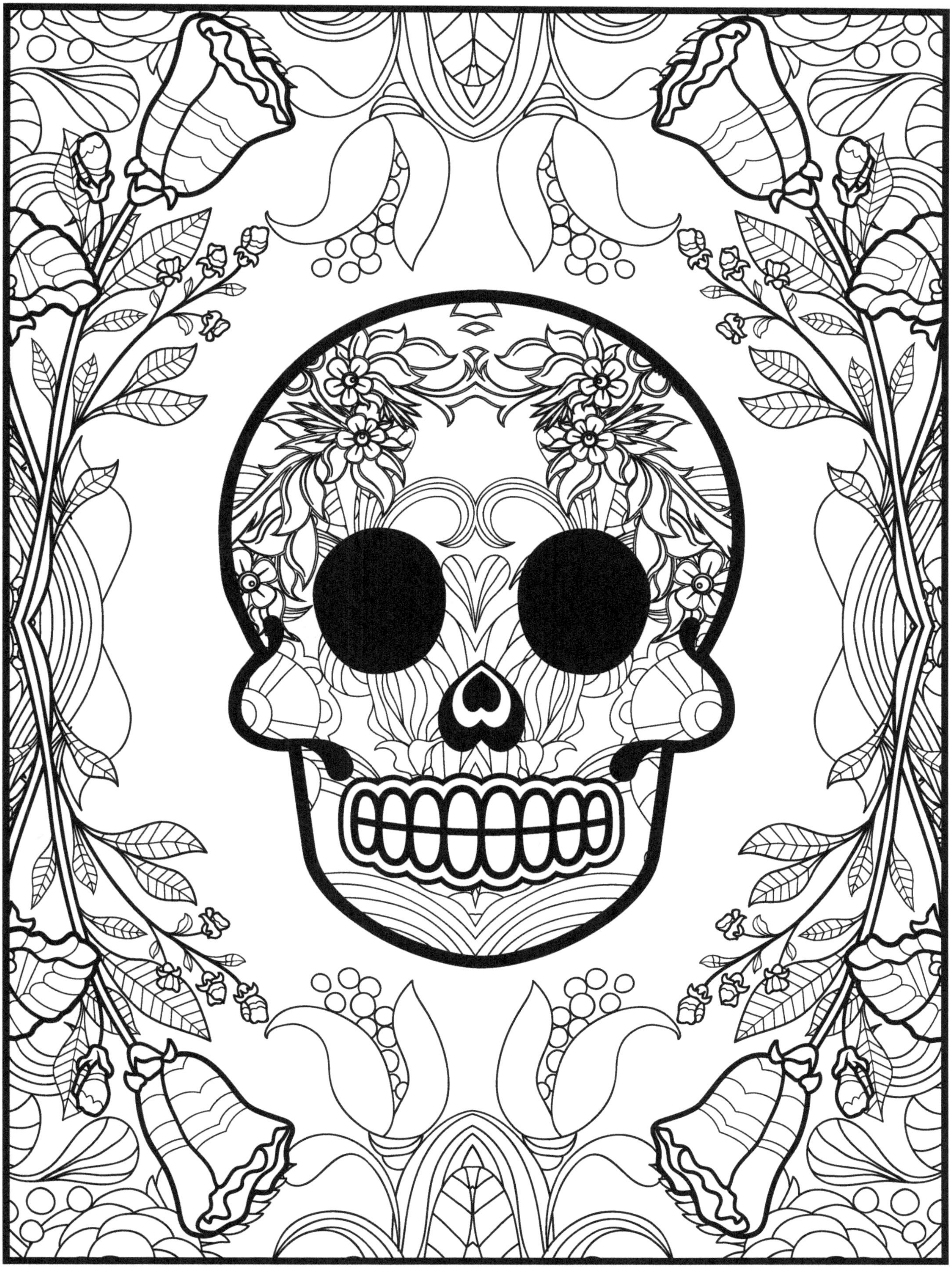

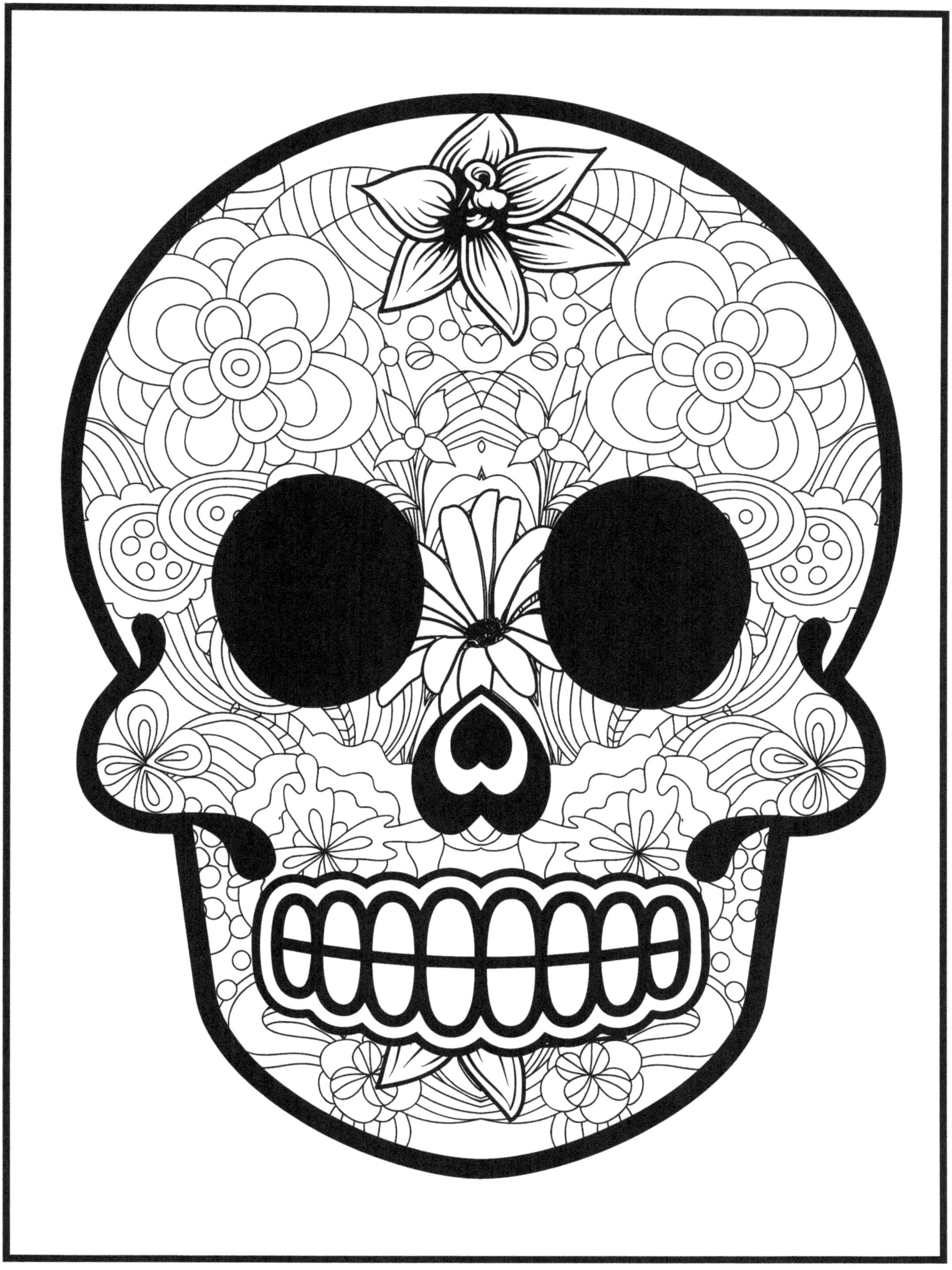

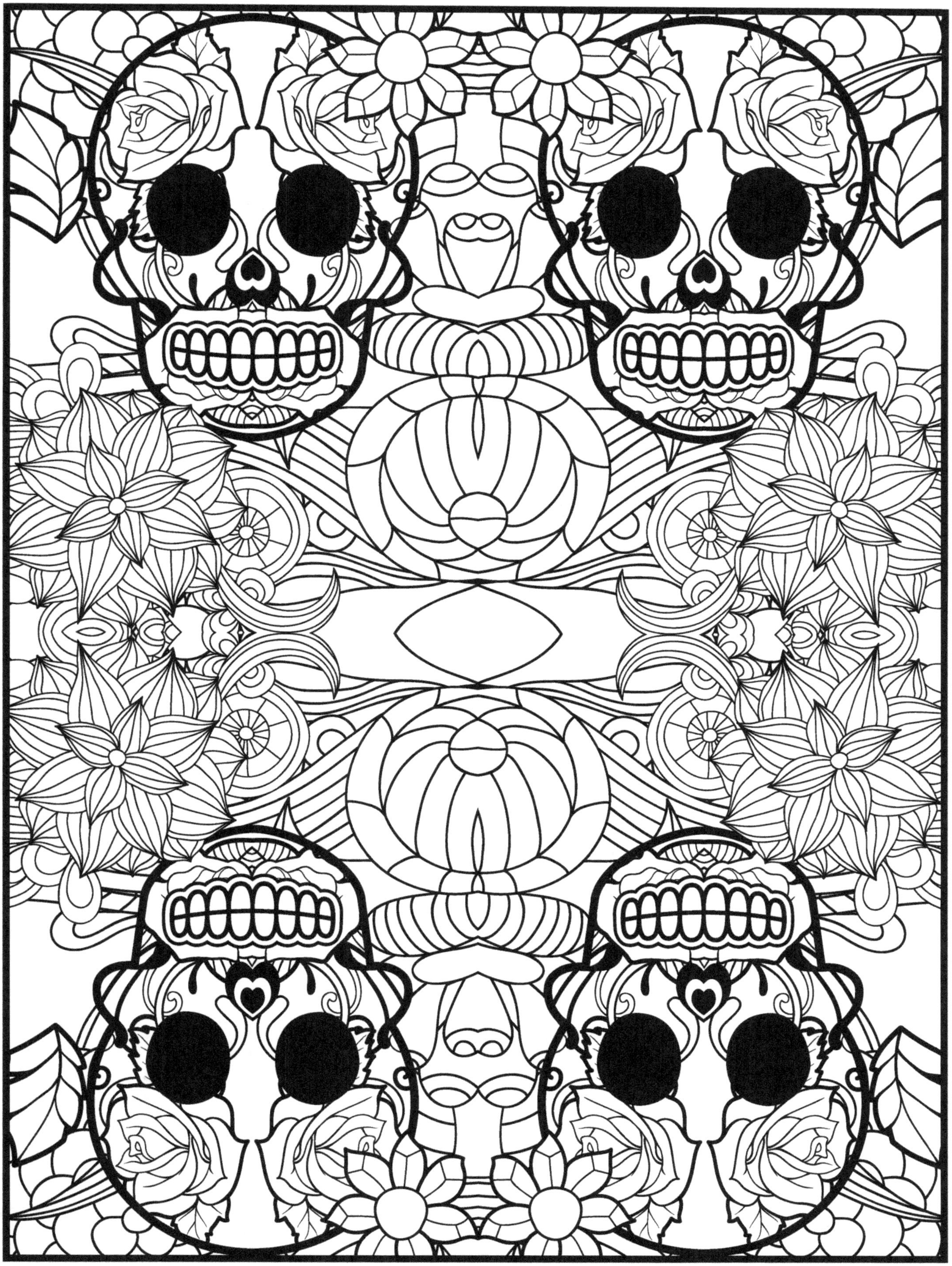

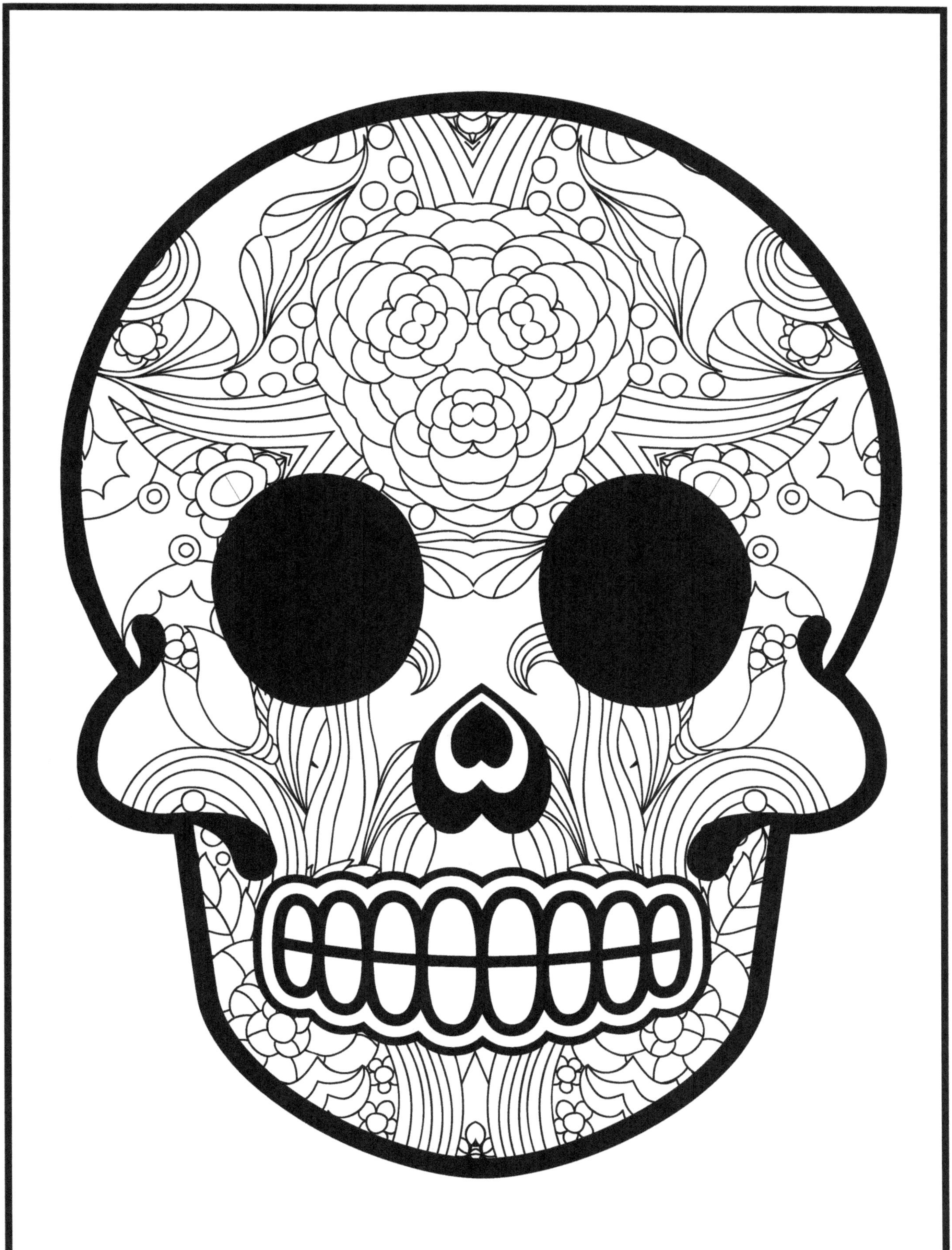

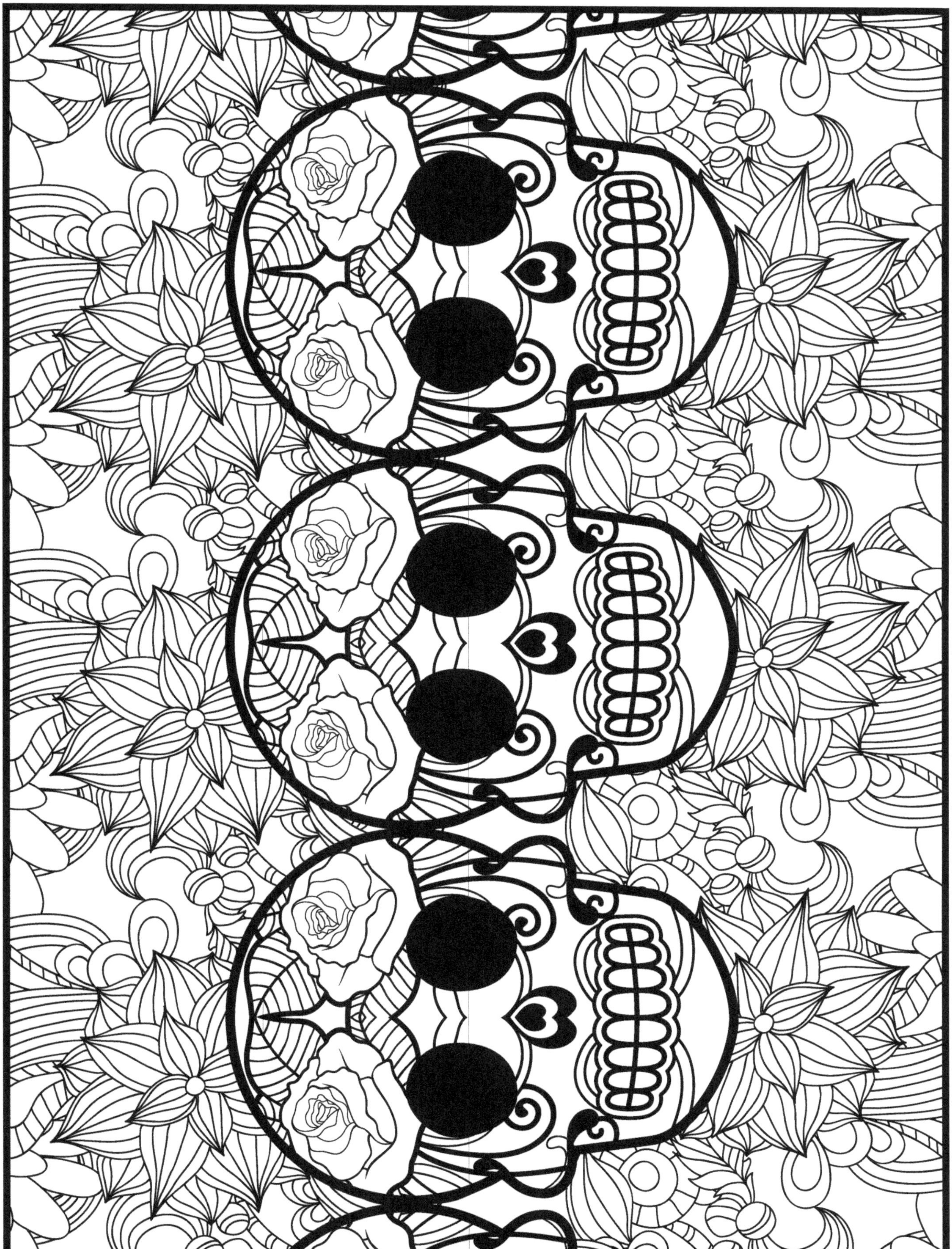

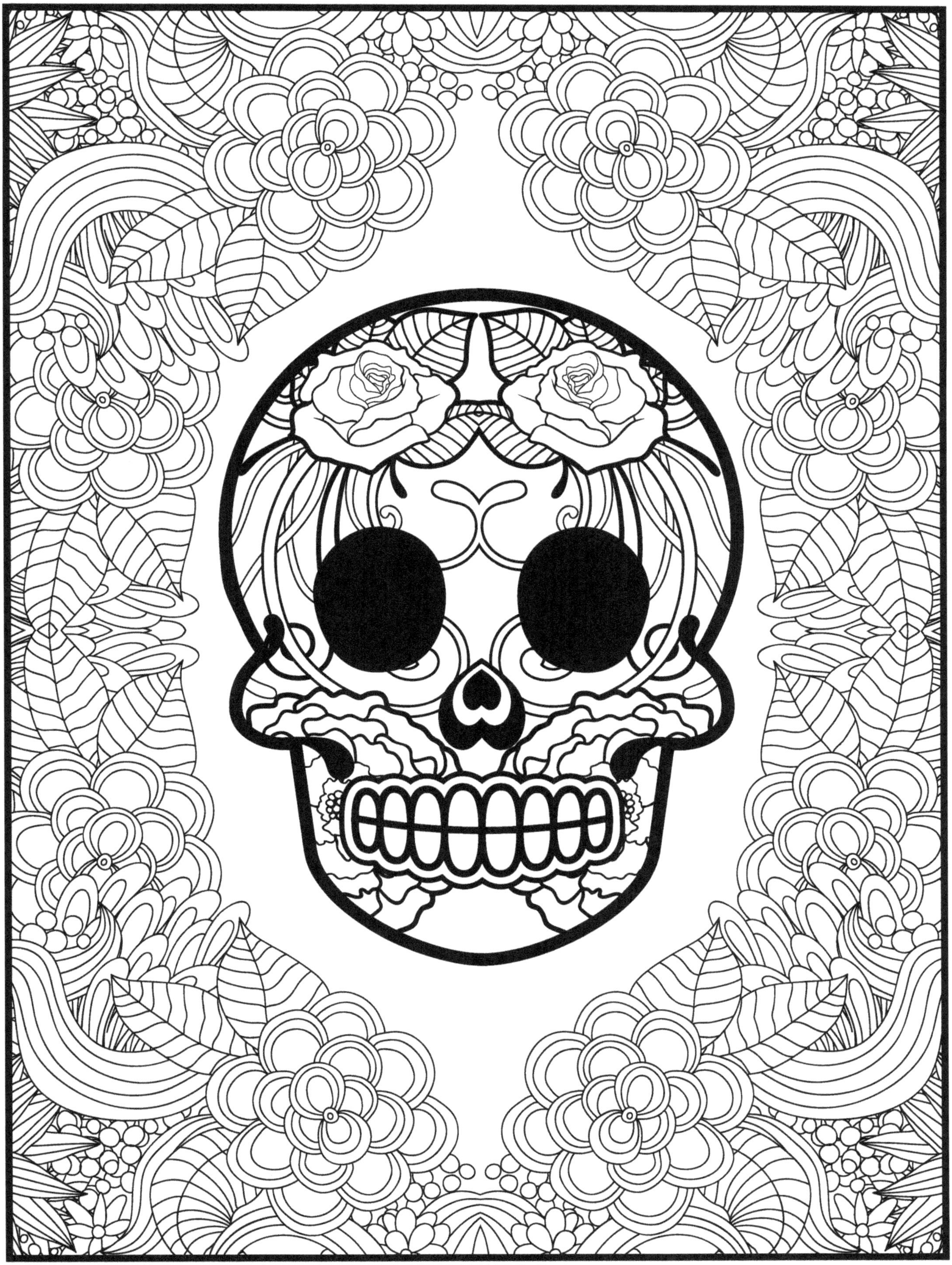

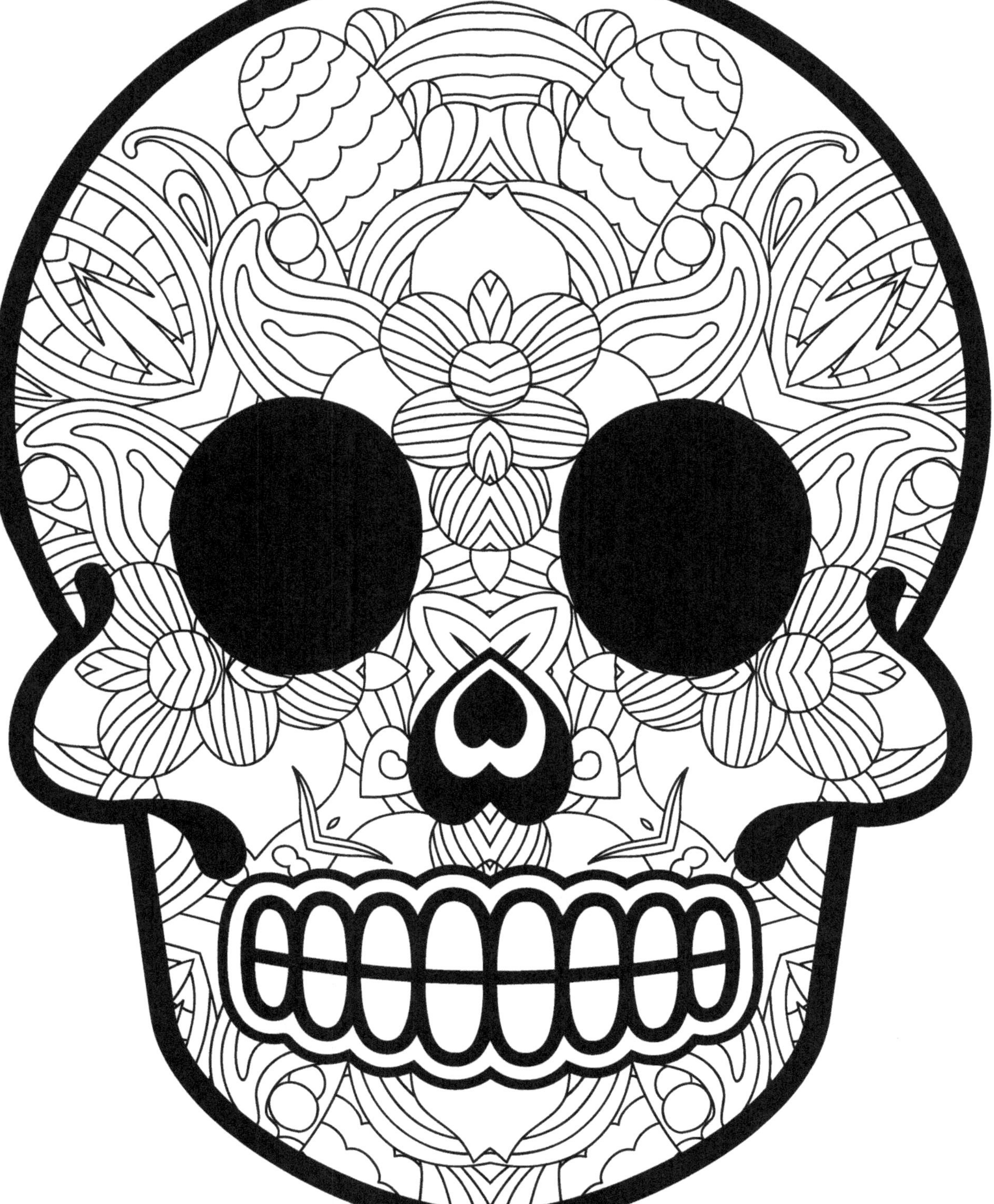

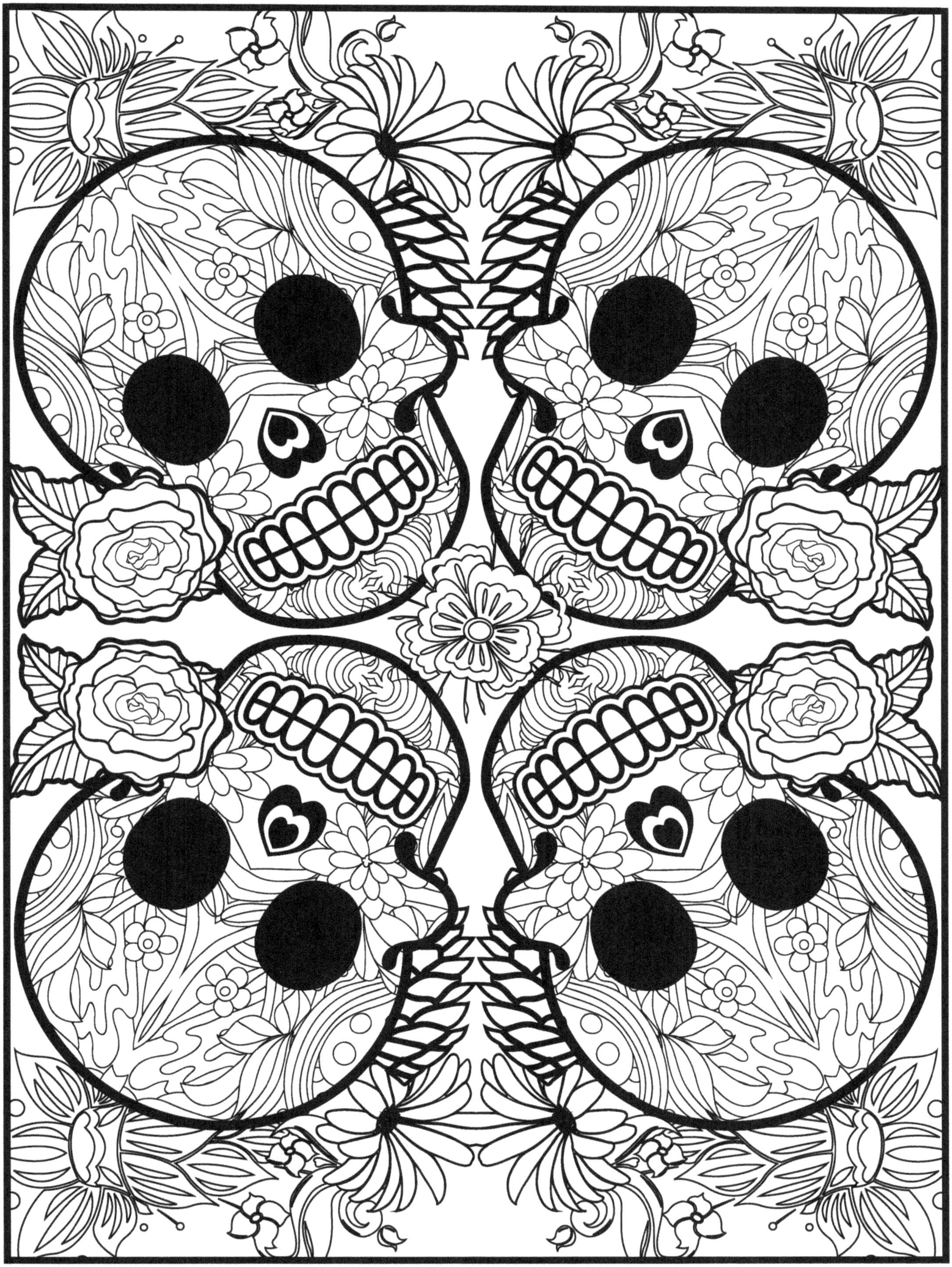

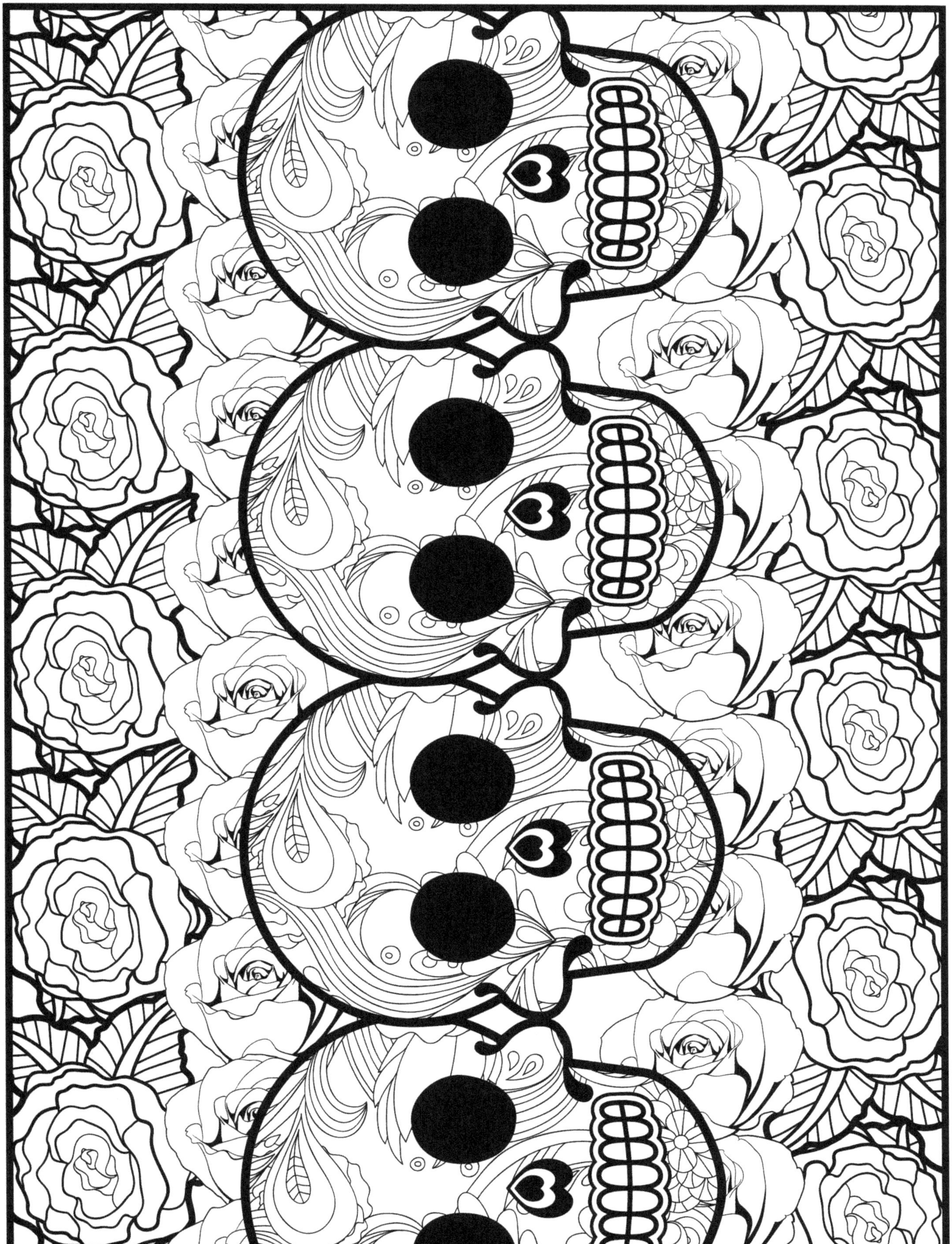

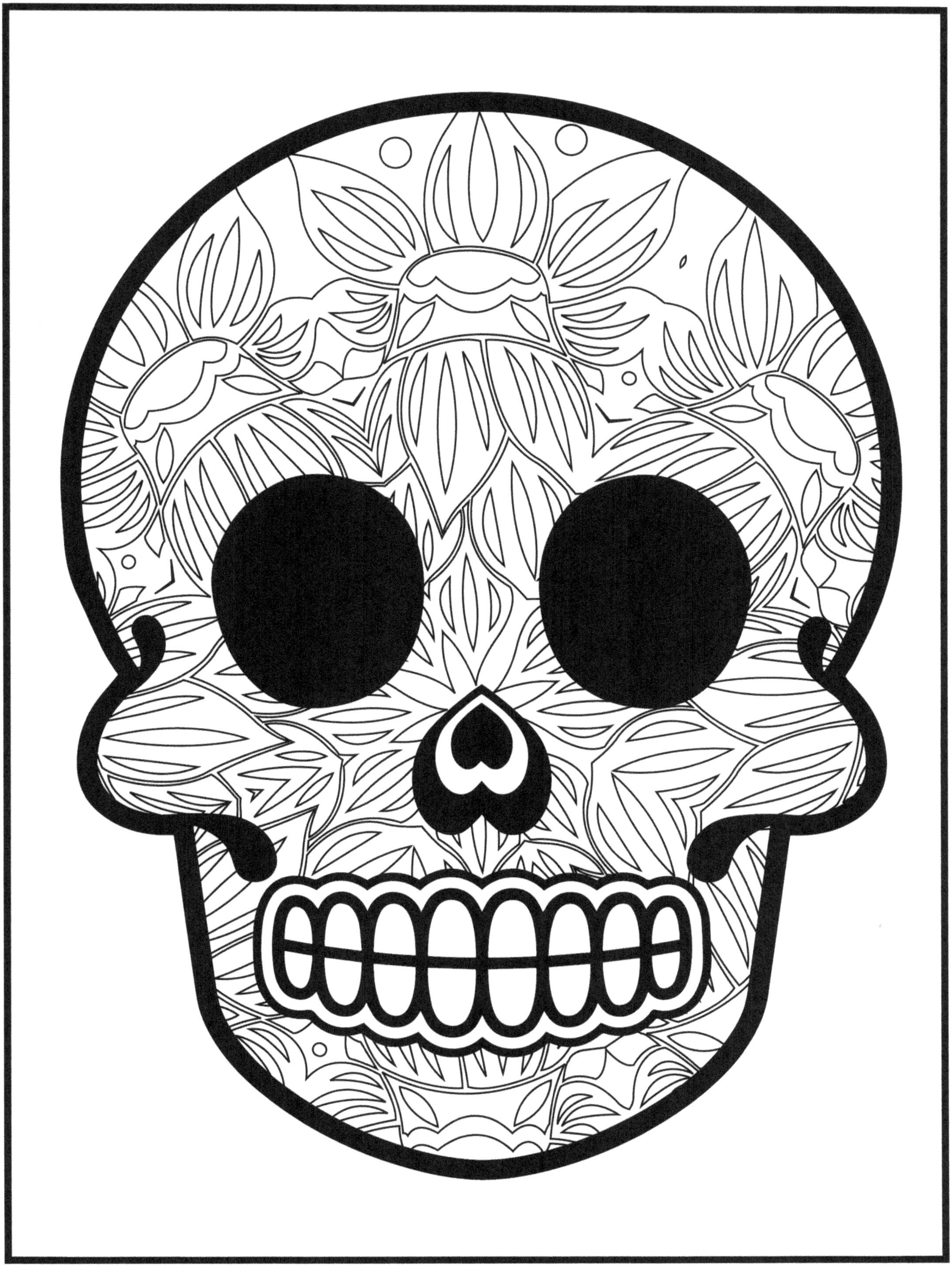

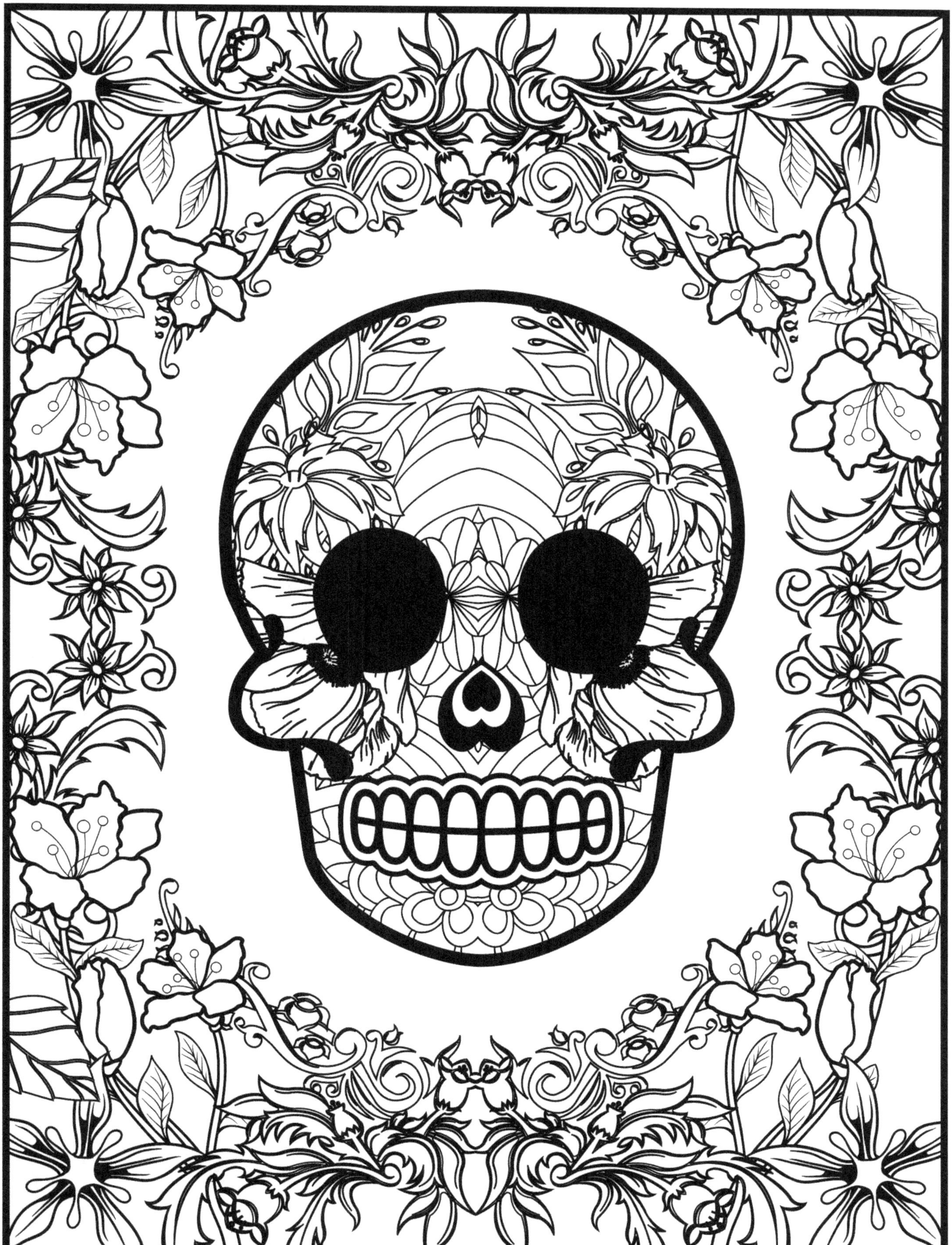

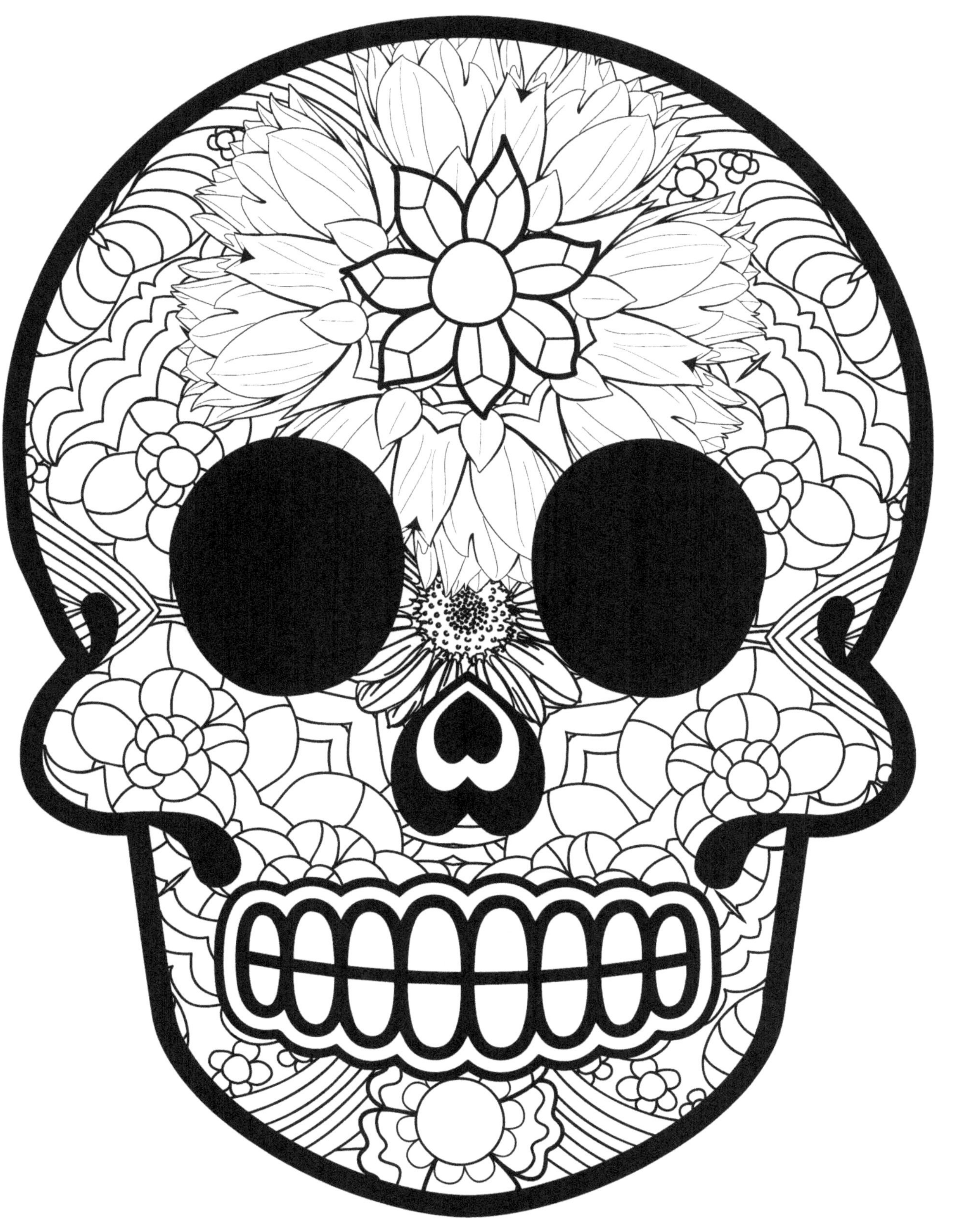

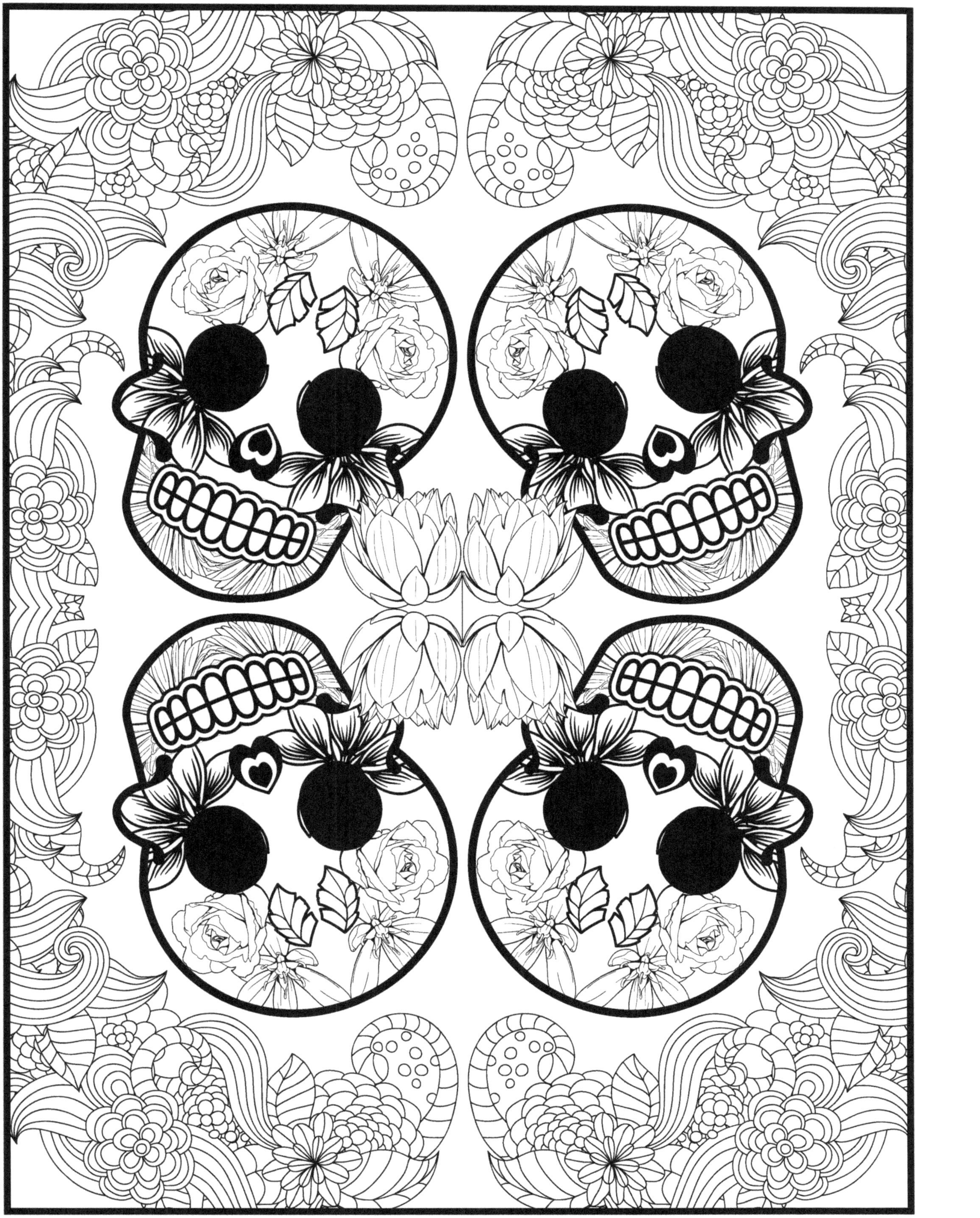

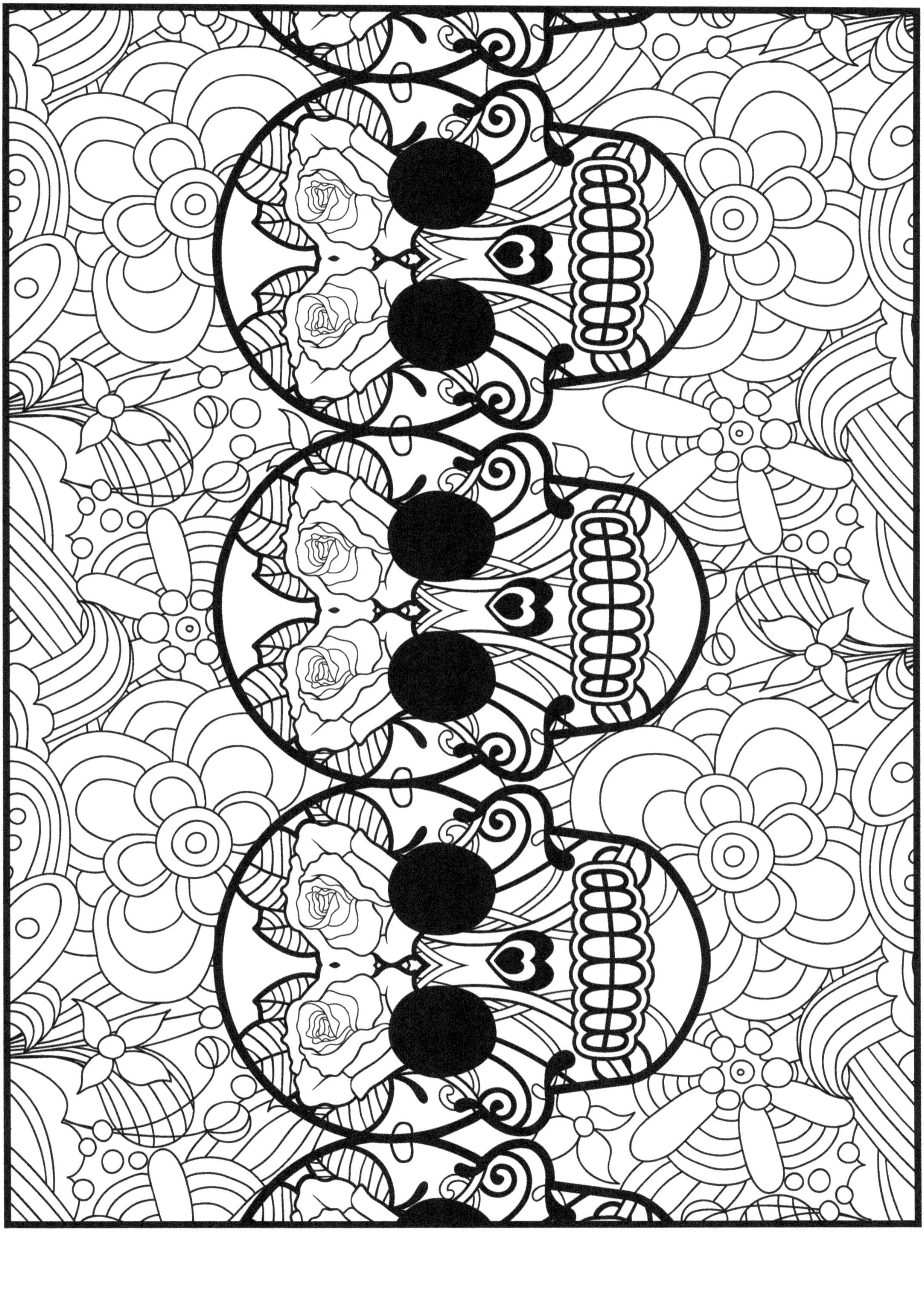

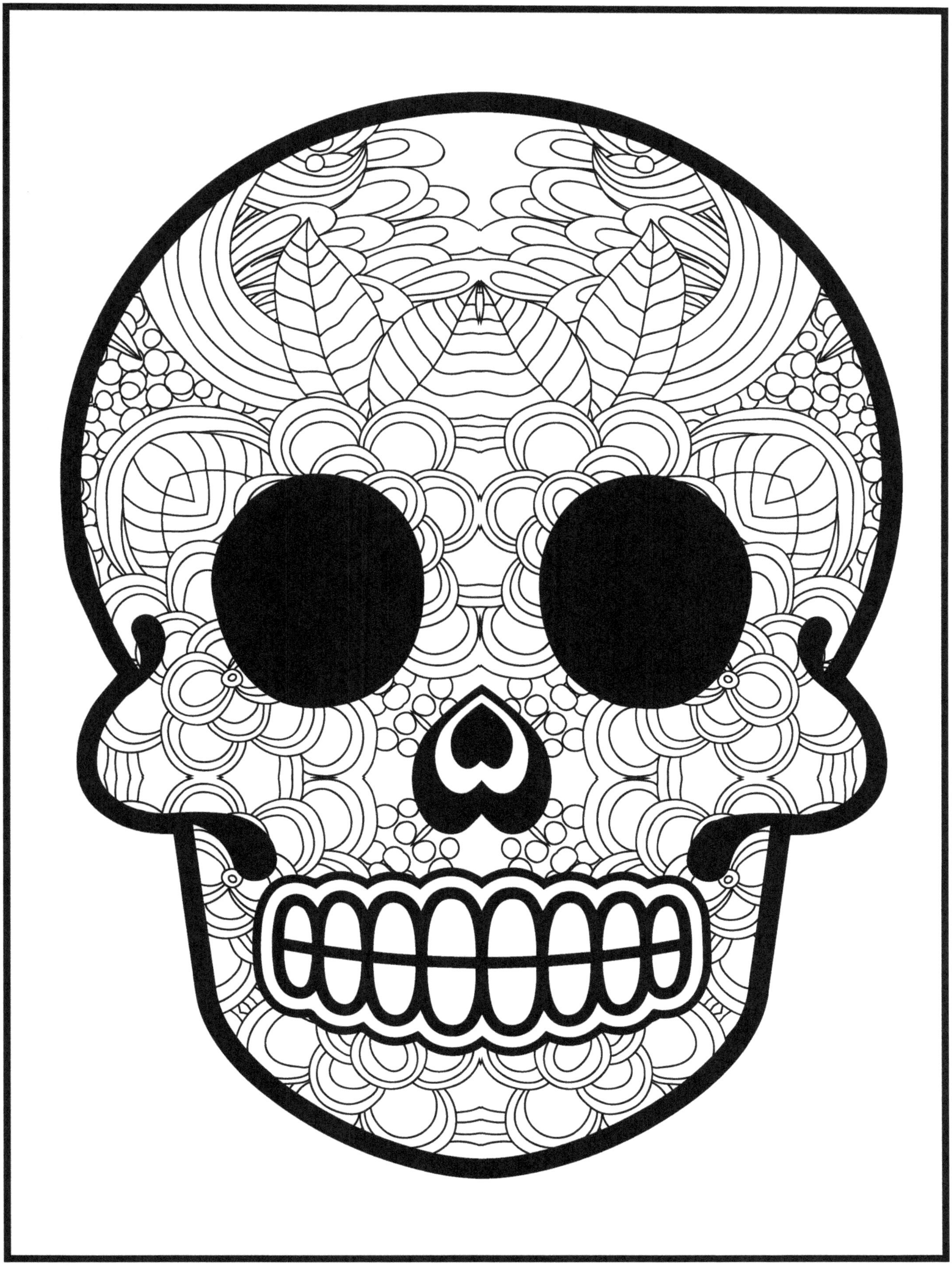

www.ingramcontent.com/pod-product-compliance
Lightning Source LLC
Chambersburg PA
CBHW082032190526
45166CB00020B/3488
* 9 7 8 1 5 1 9 5 8 8 7 7 7 *